中青年经济与管理学者文库

优化“税收营商环境”的政策效应研究

崔淑芬 著

中国财经出版传媒集团
中国财政经济出版社

图书在版编目（CIP）数据

优化“税收营商环境”的政策效应研究 / 崔淑芬著.
-- 北京：中国财政经济出版社，2019.8
（中青年经济与管理学者文库）
ISBN 978-7-5095-9154-3

Ⅰ.①优… Ⅱ.①崔… Ⅲ.①税收政策－政策效应－研究－中国 Ⅳ.①F812.422

中国版本图书馆 CIP 数据核字（2019）第 178049 号

责任编辑：孙 琛　　　　责任校对：张 凡
封面设计：智点创意

中国财政经济出版社 出版

URL：http：//www.cfeph.cn
E-mail：cfeph@cfemg.cn

社址：北京市海淀区阜成路甲 28 号 邮政编码：100142
营销中心电话：010-88191537
北京财经印刷厂印装 各地新华书店经销
880×1230 毫米 32 开 9 印张 200 000 字
2019 年 9 月第 1 版 2019 年 9 月北京第 1 次印刷
定价：45.00 元
ISBN 978-7-5095-9154-3
（图书出现印装问题，本社负责调换）
本社质量投诉电话：010-88190744
打击盗版举报热线：010-88191661 QQ：2242791300

策划人语

题记：一个人的精神成长史，取决于他的阅读史。只有阅读能最有效地培养精神生活习惯，而好的习惯又培养性格，性格决定人生。

——我们自豪，因为我们就是创造这精神产品的人。

选择了飞翔，总能看到蓝天；选择了远航，总能感受大海。人生不仅要作出选择，也要坚持住自己的选择。学会计、当编辑是我的意外选择。人说编辑是为人做嫁衣，可是这一选择我坚持了27年，苦在其中，乐在其中，也算是有声有色。每当我把一本本好书呈献给人们的时候，我觉得我是“富贵”的人：富，不是你身上的钱财，而是你心里的满足；贵，不是你地位的显赫，而是你被人需要的程度。

书海探寻，情怀永恒

我要说，做编辑我幸运，因为我不仅是第一个读者，可以对作品“品头论足”，也可以对作品“生杀予夺”；更重要的是，这是一个很高层次的平台，在多年与名家的交往和名著的“对话”中，深深地为他们的人格和才学所感动，被作品的精彩所吸引，这不仅使我“下笔如有神”，更使我的思想和灵魂也受到一次次洗礼和震撼，得到一次次升华。对于我的作者我的书，如数家珍，作者中不乏才学和为人同样过人的多位泰斗和“颜值高责任大”的众多才子佳人；策划的作品不仅立足专业还兼顾人文，也是情怀所在，专业加人文路才会更宽。

多年的体会是，作为一名编辑，起码要“三心二意”，即“责任心、细心、耐心”和“服务意识、创新意识”。要多策划一些有分量的拳头产品，用一个选题推动一个系统工程，用一个系统工程培养一个出版社品牌。给新入职编辑讲座时我做过一个比喻：编辑两项基本功，审稿——甚至要比博导审批学生论文还要全面、细致；选题策划——要像电影导演一样做“星探”，善于发现优秀作者和挖掘好的原创作品。记不得27年来我策划和编辑了多少书，组织和策划了一大批教材、业务培训用书、通俗读物、理论专著等，有的获得过国家、省部级各类奖项，有的以其填补空白、社会热点、风格新颖、开拓尝试等特点受到读者的欢迎。20世纪90年代我开始自主策划选题，多年来每年都有新丛书问世。比如，21世纪初内部控制研究在国内刚兴起时，策划了《现代内部控制丛书》，其中《企业内部控制管理操作手册》是我鼓励作者将自己饱含心血的经过长期钻研和实践并证明卓有成效的成果奉献付梓，使得更多的人能受益于此，这无疑是对我国内部控制理论探索和实践发展的一种贡献，内部控制选题至今还是热点。2013年的《来去无尘——一位财政部长的生前事》所展现的吴波精神，与深入推进党风廉政建设相得益彰，得到中央领导同志的高度重视和重要批示。中央各大主流媒体纷纷连续报道，掀起了全社会学习吴波高尚情操的热潮。2014年至今的前沿选题《财务云丛书》等也越来越受到业界认可。

想是问题，做是答案

众所周知，目前的图书出版业在行业竞争和纸质图书受到严重冲击的情况下，出版人无不感到莫大的危机。在这种背景下，策划一套专业图书是颇感困惑的一件事，风险更大。但即使这样我们也不能因噎废食、停滞不前，还要积极应对，继续发挥纸质图书的固有特质，挖掘出版内容和形式都精彩的原创作品，适应新形势下读者的更高需求。2017年，我们接受新的挑战，开启新的征程，又策划《中青年经济与管理学者文库》《当代税收名家丛书》《中国税务律师系列丛书》《现代管理实务丛书》《高等院校应用型会计人才精细化培养系列教材》等，继续为扶持学术研究和总结最新成果，在高端研究与专业知识普及和应用之间搭建一座座有益的桥梁。

每一个时代的经济环境不同，理论研究和实务探索所需要解决的问题也有所差别。当前我国不仅处于经济结构调整和供给侧改革的攻坚期，同时也处于大数据和互联网突飞猛进的变革期，矛盾叠加，风险交汇，市场环境和组织模式不断演变发展、推陈出新，经济、管理、财税等领域的新理论、新思想、新方法、新工具也层出不穷。乱花渐欲迷人眼，击水三千浪几何？这些领域的研究人员被时代赋予了更艰巨的责任，也面临着更高、更多元的要求，我们不仅要具备更广阔的学术视野，而且要有更严谨的学术思维。

输在犹豫，赢在行动

《中青年经济与管理学者文库》的作者，都是我国经济与管理领域的中坚力量，也是未来的大家。他们中有些人潜心从事理论研究，有些人则深耕在实务一线，但无论现实身份如何，视野全都没有被拘泥在“象牙塔”内。他们从不同视角对市场经济的不同要素进行细致审视，然后汇聚于“财经版”这面旗帜之下，相互碰撞，彼此激荡，力求在市场经济转型升级的关键时期留下最新鲜的“中国印记”。

这些经济与管理领域的中青年学者，就是我国市场经济发展的潜力与优势，他们的研究成果，不仅将引领市场经济的各个组成环节向更科学、更先进的方向发展，而且将成为我国政府和企业在未来经济世界扮演更重要角色的支点与动力。祝愿这些中青年学者能攀上更高的学术之山，走向更远的研究之路，也期待宏观、中观、微观各个层面的市场参与者都能从这套文库中得到切实的启发与指引，在全面深化改革、增强发展活力的关键时期，发挥正能量和积极作用，为经济社会发展增添新的动力！

如果您认可，如果您有意愿，欢迎您和您的朋友加盟我们的作者队伍！在中国财经出版传媒集团的“旗舰”下，中国财政经济出版社这“老字号”，一定励精图治，谱写新的篇章。我们用“龙的精神，玉的品质”来助力您实现梦想！

策划人：樊清玉

邮箱：qingyuf@ sina. com

2017 年春

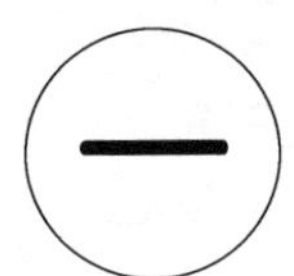

财税政策是政府进行宏观经济调控的主要手段。在新的国际国内背景下，如何进一步加深财税体制的改革与创新，以充分发挥财税手段促进经济，成为世界各国吸引生产要素、世界投资的重要因素。建立税收营商环境背后的制度机制、运行模式，与国际国内相关政策法律的协调，以发展促进法制化国家市场经济的发展，具有重要且积极的作用，非常值得研究。

在世界经济增速放缓背景下，中国2019年新一轮大规模减税降费政策，将大大减轻境内企业的税费负担，提高企业的创新能力和竞争力，这对中国乃至世界经济发展具有积极的促进作用（马西欧·威尔第，2019）。有助于推动中国经济增长方式从以量为目标转为以质为目标，有助于建立新的经济增长方式（维特·加斯帕，2019）。

2018年11月20日，世界银行与普华永道共同发布《2019年世界纳税报告》，报告对全球190个经济体的调研结果显示，2017年，全球共有113个经济体进行了税收改革，全球平均总税收和缴费率为40.4%，纳税时间237小时，纳税次数23.8次，报税后流程指数分数为59.6。2018年以来，财政部会同北京、上海两城市以及有关部门，对标世界银行评估标准，聚焦营商环境薄弱环节，出台了一批优化营商环境的政策措施。但我国的税收营商环境研究刚刚起步，在优化税负结构、创新税收征管手段、提升纳税服务治理和纳税人权益保护方面，还有较大的提升空间。

科学研究是高校教师的职能之一，“修身、齐家、治国、平天下”是学者的天然使命。大学教师作为社会新生力量的教育者和社会重要的影响者，利用自身的优势，将自身研究定位于关注民生、关注社会、参与财税体制改革，推动税收营商环境优化，是职责所在。

高校教师利用自己的专业优势，从自身最熟悉、最擅长的领域入手，围绕政治协商做科研，可以极大地提升科研能力和教书育人的水平。运用科研的方法研究信息问题，能提升参政议政的理论水平和科学性。

2012年开始，财政部进行“个人所得税改革”“营改增”试点，这都是财税领域的大事，也关系到每个人和企业的切身利益。崔淑芬教授围绕我国税收营商环境优化的一系列具体问题，撰写了一系列调查报告，有些已经为政策部门采用，现在能集结成专著出版，也是作者科研水平和专业水平提高的见证，是非常令人高兴的！衷心祝贺作者辛勤劳动取得了可贵成果，并欣喜地看到很多本科生参与到调查研究和政策分析的研究工作中，且取得了可喜成绩。面向社会的人才培养贴近现实思考，是有益的探索。期待更多更有影响力的成果不断涌现，不忘初心，带领学生做时代改革的参与者与观察思考者。

张华容
2019 年 6 月

序

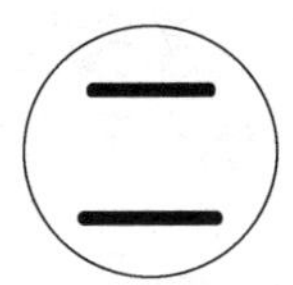

营商环境是一种竞争力。中国的社会主义市场经济脱胎于计划经济，逐步融入国际成熟的市场经济。世界银行考察营商环境的十项指标，主要选取的是北京、上海的样本，其中，上海权重55%，北京权重45%，中国营商环境排名上升32位，到了第46位，这是中国改革开放的市场经济不断发展的可喜成果。

我和崔淑芬教授，都是在20世纪70年代随父母从沈阳来到鄂西山区参加三线建设，在三线子弟学校读书，长大后也都在〇六六基地国营红阳机械厂工作。从1987年开始，我们在红阳厂计划科共事多年，后来她去了武汉，先后在省政府、民营企业上市公司工作，后来转而从事高等教育工作，2016年人才引进到了浙江工作。而我在湖北〇六六基地、航天科工第九、第四研究院工作了32年，2015年调到北京航天科工二院工作。

崔教授去武汉后，我们虽然往来少了，但知道她在不断学习、提高、进步，教书育人，研究学问，参政议政，一步一个脚印往前走。她取得了今天的成绩，我想与她有航天基因有很大关系。

2017年中央电视台播出的《国家记忆——大三线》专题片，其中就有〇六六基地建设发展的内容。在几代航天人的努力下，我们曾经工作的单位成为航天系统优秀骨干企业，出了很多国家级成果；很多当年的同事成为航天事业和各个行业的领导和骨干。回顾历史并不难，可真正的历史，有人为之献出了生命，有人为之献出了青春，有人为之献出了健康，更多的人默默无闻地为之出力献智，流血流汗。

市场经济发展与航天精神追求同气连枝。一路走来，伴随着几乎大半程改革开放过程，中国市场化道路，本身有太多的故事能引起共鸣，有太多的成就可以被铭记。邓稼先等老一代“两弹一星”专家、诸多的中国市场经济改革的先贤，他们的身上都有一种自强不息、精益求精的精神，一脉相承。航天精神固然产生于航天领域，但其内核是中华传统文化中的自强不息、精益求精的精神；这种精神于个人是工匠精神，于企业则是企业家精神。在越来越多的行业里，也都能找到这样的代表。以华为为代表的制造业、以阿里腾讯为代表的新经济、曾经的边陲小渔村深圳，今日的创新中心……孜孜以求的中国企业家，和不甘人后的员工，是各自行业的英雄，体现了各自行业里的“航天精神”。

仅以此序祝贺崔淑芬教授！值得欣慰，多年辛勤耕耘终成专著。学术研究目的是服务于社会，推进社会进步，本书的特点就是结合当前财税体制改革的热点问题，紧扣时代脉搏和税收营商环境改革主题，多维度对税收营商环境进行了深入分析，提出许多有见地的建议，为改善我国税收营商环境提供了一些具体的路径思考，更可喜的是，很多建议已经转化为政府决策。财税体制改革深化，税收营商环境的优化，对我国经济发展和经济社会转型影响深远，希望崔淑芬教授继续关注这一领域的重大现实问题，在实践中不断丰富和完善税收营商环境理论，继续高质量地建言献策，做出更多优秀研究成果，讲出最好的中国最佳实践故事。

朱　弘

2019 年 6 月于北京

全球经济复杂化背景下，政府高效能和创新能力提升对企业国际竞争力提升具有重要意义。新技术新市场极大地改变了社会运行方式和经济运行模式，建立透明高效的税收征管模式更加可行。

1. “营商环境”也是生产力

营造法治化、国际化、便利化的营商环境，是中国进一步对外开放的重要举措，也是实现高质量发展、实现治理能力和治理体系现代化的内在要求。近年来，从深化“放管服”改革、激发市场活力，到加强与国际通行经贸规则对接、进一步扩大开放，再到推动高质量发展、打造竞争新优势，优化营商环境的顶层设计不断出台。

2019 年 3 月中国政府作出了改革国税地税征管体制的重大决策部署，合并省级和省级以下国税地税机构，改革涵盖省市县乡四级税务机关、几万个税务机构、一百多万税务人员和十多亿纳税人缴费人，力度规模之大、涉及范围之广、触及利益之深，前所未有。对我国财税体制改革引发的相关社会经济关系的变化进行思考，具有重大的现实意义和理论意义[1]。

2. 空前力度的"减税降费"备受世界瞩目

增值税改革走过40个年头，有关税收制度改革的效应研究具有十分重要的现实意义。增值税制度作为中华人民共和国成立以来推进速度最快、规模最大的一个税种，对全国乃至全世界的影响是巨大的，也为我国降低企业税收负担、加快市场经济改革进程提供了经验和借鉴。增值税发票管理等具有特色的制度设计，为发展中国家税收征管提供了可以借鉴的经验。增值税在中国的发展与改革也为国内外学者提供了好的研究案例，值得探讨和思考[2]。

3. 税收法制化与国际化合作机制建立

在世界银行发布的《2018年营商环境报告》中，"营商环境"这一概念引起全世界广泛关注。有学者在"汲取世界银行评价体系的经验，立足本国国情"基础上，将缴纳税款、税收优惠、税收法制、涉税服务等相互作用、相互影响的项目作为一级评价指标[3]。也有学者认为，营商环境"是一种制度，或者是制度的集合体，直接约束着区域内各种市场主体的行为活动"[4]，但目前学界尚无统一定义。

营商环境是市场经济发展的重要支撑。在中央全面依法治国委员会第二次会议上，习近平总书记强调"法治是最好的营商环境"，李克强总理在政府工作报告中具体提出了"要让企业多用时间跑市场、少费功夫跑审批"的要求。"依法治税"是《中共中央关于制定国民经济和社会发展第十三个五年规划的建议》

的一个重要看点。

“税收营商环境”，是指影响或决定税收制度产生、运行及其成效的各种外部因素的总和。税收营商环境有广义和狭义之分。广义的税收营商环境包括政治法制环境、经济技术环境、社会文化环境、生态环境、国际环境等内容。狭义的税收营商环境主要包括税收征管体制环境、税收征管法制环境、道德环境、经济环境[5]等内容。

本书汲取《2018年营商环境报告》《世界纳税指数2018》等报告的核心内容，基于市场主体（主要是民营企业）主观感知的税收营商环境，参考了国内学术界的研究成果，对2010年以来“以增值税改革为主的税收营商环境”建设和改革进行了调查研究。研究报告调查研究的对象主体，主要是税收征管部门，尤其是税收征管执行部门；调查研究内容，核心是税收征管政策；调查研究的价值取向，是税收征管应“兼顾公平与效率”；调查研究方式独立于第三方财税专家团队；调研单位以民营企业的财务部门、会计师事务所或税务师事务所为主。

本书分三个部分共九章内容。第一部分包括前三章，主题是“打造公平税收营商环境”，主要围绕“依法治税规范执法、补齐行业政策短板、规范‘过渡和创新’政策”等问题，提出了对有关税收政策的完善建议；第二部分包括第四章至第七章，主题是“打造低成本营商环境”，提出了“减轻企业税收负担、细化减税配套政策、降低纳税遵从成本”等三个具体的政策实施路径；第七章对湖北省各个行业税负变化情况提出了有关“营改增”政策完善的建议。第三部分以全球化税收营商环境合作机制建立为中心，调研分析了跨国公司避税、非居民缴税、国际减税压力、BEPS反避税和国际增值税洗钱等问题。本书的一些建议，经有关部门推荐给税收政策制定部门，为建设我国公平低成本高效率的营商环境，起到了积极的推动作用，现结集出版，希望对有关研究者和实业人士提供一些参考资料。

“白日不到处，青春恰自来。苔花如米小，也学牡丹开”（袁枚《苔》）。2019年6月，我到母校中南财经政法大学，访问世界知名会计史学家、全国劳动模范、中南财经政法大学教授、文澜学者，我国唯一的会计学终身教授郭道扬先生。从导师居所阳台，可以眺望风光旖旎的南湖，每与师兄弟到师门小坐，一起聆听导师的教诲，谈笑风生，如沐夏雨春风，潜移默化地感染着我，此生受益。郭道扬教授学术思维广博、学术态度严谨，风范儒雅风趣，郭老师几十年如一日，以超人的意志和信仰治学，终有所成。感谢我的硕士生导师，中南财经政法大学知名财税专家庞凤喜老师，对本著作的出版框架和内容进行了悉心指导，对研究方向和研究方法给予了充分肯定，给了我莫大的鼓励，使我坚定了信心。

感谢九三学社中央邵鸿副主席、许进主委、张瑛部长等领导；感谢东风汽车集团高级研究员、第十二届全国政协委员马力主委，时任教育厅副厅长的九三湖北省委副主委欧阳建平教授，国家督学、湖北省中小学校长协会会长徐金山副厅长，省政协沈江陵副厅长，九三学社湖北省委李坦主委，蔡国斌秘书长等领导；社省委李辉部长、赵谦锦部长、陈建红部长和詹黎黎。中南财大支社经济学院副院长郑家喜教授、金融学院院长助理顾露露教授、省委经济委副主任杨波教授、会计学院季小琴博士等专家，一如既往地全力支持！感谢湖北省会计领军人才培训中，省财政厅领导、领军班各位同学，头脑风暴和促膝交流，给了我灵感和启发。书中文章的选题和立意以不同方式求教于实业界和学术界各界朋友，一并感谢！

感谢孙立恒同学，青年学子的坚定信仰，广博的视野，浓浓的深情和支持难以言表！感谢财务管理专业的学生，如杨婧怡、徐雨婧、李婧婉、王倩、李若蕾、秦丹阳、郑思、费锦绣、刘彻、符莲妍、朱佳乐、朱若鸿、杨洁、梁诗嘉等同学，积极参与研究报告的撰写，他日定会成为有社会责任感和奉献精神的栋梁之材。

学而后知不足！集结稿件历经十年，受限于当时的时代背景和自身认识不足，仅凭实地调查与实业界同仁交流之感，疏于理论和政策水平高度上的建构，乃一己畅言。诸多遗漏偏颇，供有趣向学者和业内人士凭心讨论之心德。不妥之处，敬请不吝指正。

崔淑芬

2019 年 6 月于武汉，中南财经政法大学南湖校区，文泉楼

第一章 规范税收征收政策　打造公平化的营商环境

本章围绕“打造公平的税收营商环境”主题，从企业遇到的具体税收征管问题入手，从税收政策法制化角度，提出了一些可供参考的具体建议，有些建议对处理当时环境条件下的具体问题有一定价值，已经被政府有关部门采用，问题得到了及时解决，原文呈现，有利于还原当时的具体情境。有些内容，受限于当时作者水平，现在看已经不合时宜，但可以反映税收法制化发展过程的细节，故此加以保留。

第一节　完善“纳税人权益保护”打造权利公平营商环境

税收治理能力，是国家治理能力的基础和

重要的组成部分之一。从实践角度看，我国税收治理实践基本理论还在形成过程中，税收治理理念、治理制度和体制机制等方面，随着国家治理能力提升，也在不断完善。

一、实践中需要特别注意的问题

1. 以“纳税人权益”为核心的立法、执法和监督理念不够突出[6]。在税收立法、执法和监督机制和体系上，税收治理指导思想协调统一的问题越来越重要和迫切。如税收法定论[7]、税收（纳税人财政、调节和监督）职能论、税收服务论与大数据（互联网+）治理等税收治理理论，不同时期和不同阶段，治理主体不同，各自指导思想的主导地位不同，缺乏统一的指导思想，“纳税人权益保护”理念不够突出。税收征管政策的立法机构、执行机构和监督机构属于不同的主体，每个主体又分为不同层级，到具体税收问题和某个征收环节的实践问题上，纳税人权益保护方面的具体措施不足，以原则性规定为主。

随着我国经济快速转型，财税体制改革力度加大，局部与整体之间、局部之间会出现一些政策协调问题。立法机构和学者在顶层设计时，更关注“税收法定论”，这有利于规范税务人员的执法行为，减少执法随意性；政府职能部门由于政府税收征管需要，更强调税收政策的“财政调节和监督”职能；税收征管部门在征收中，比较注重“严征管”税收治理体系建设；从企业经营和市场发展角度，对税收服务职能和营商环境优化尤为关注。以上不同的理念有各自的侧重点，并无偏废之争，但如何确定它们的主次，使各种税收治理思想的融合统一协调发挥作用，是当前立法和执法急需解决的理念问题。

从完善营商环境角度看，税收服务理论更符合现代税收治理体系的建立需要。企业是税收征管体系治理的客体，但在我国当前税收体制下，纳税者权益保护在一段时间内还需要持续关注，纳税人的话语权也特别需要提升。

2. “税收法定理论”需要与新技术、新经济快速发展协调统一。在法制国家建设中，“税收法定”无疑对提升国家治理能力具有重要作用。但随着国内外政治经济环境不断变化，税收治理的复杂性和不确定性加大，各类新技术新经济模式不断对制度和体制壁垒产生冲击，受历史环境、社会经济基础和程序的限制，法定的具体条款，难以适应飞速发展的经济社会变革需要。如以虚开增值税发票罪为例，税收立法司法解释规定还是 20 多年前的，20 年间经济发展水平发生了巨大变化，原税收法律规定的犯罪数额已经不适应现实的情况[8]。20 多年前的计量标准，在当今司法中量刑，就可能显得量刑过重，打击面过大，造成重罪反而轻罚的现象。如 100 万—500 万元没有分别量刑，在 20 世纪 90 年代属于数额巨大，犯罪数量较少，不太会出现处理争议问题；但在今天已经属于发案数量较多的普遍性案件，由于两者刑罚很可能相同，导致犯罪分子干脆按 500 万元虚开数额，犯罪金额累计大到惊人，导致刑法的惩罚效果被削弱。

3. 税收优惠政策，需要落地保障机制。我国在改革发展和经济转型过程中，遇到很多前所未有的问题和困难，为处理这些矛盾，税收征管政策出台了很多临时性规章和制度。在营业税时期，各地还出台了不少地方税收优惠政策，在“营改增”后，这些政策已经与国家法制化的税收制度和行业规范难以协调，特别是一些税收优惠政策难以落实。如高新技术企业税收优惠政策，各地在具体执行时，主要思想是从严控制，获得高新技术企业资格认定的难度较大、税收优惠申请时间长。又如，退税款一般只能从应纳税税额抵减，企业运营资金长期被占，如果企业经营不善，退税资金就会被无限期占用。这些具体问题，由于基层税务机关的自由裁量权较大，强制执行就会对企业生存产生较大影响。

4. 完善“纳税人权利保护”的政策和渠道。“税收职能论”是当前税收征管实践中最主要的指导思想，很多税收优惠政策在完善中，税收征管的严肃性使审批流程逐渐变得比较复杂，特别是对企业利益影响较大的问题，企业感觉到“纳税人权益保护”的政策和渠道不足。由于税务征收部门只是执行部门，无权对税收政策和征收程序进行修改，企业感到实际享受到的优惠与税收优惠政策制定的初衷之间存在差距，缺乏协调沟通的渠道。以我国循环再生资源行业来说，“营改增”后整个行业税收负担沉重，原有税收优惠政策取消，对整个行业影响都比较大，行业协会和企业进行多方沟通，各地都有大批污染治理企业被关停撤并，纳税人缺乏沟通反馈税收征管政策对行业影响的渠道。

目前，“金税三期”监管效果逐渐显现，“互联网+”税收征管数据主要在税收征管部门内部用于税收监管。但纳税人数据交换、共享、服务和远程管理方式与税收信息化征管的融合度不够，财务公开数据与税务征管系统的接入和共享路径不够完善，很多基础数据采集还是需要手工处理，特别是政策变更多，手工与信息系统比对，工作量巨大，企业感觉纳税遵从成本上升明显[9]。

5. 地方财政收入不足，导致地方非税收入增长过快，企业隐形负担加重。从国家宏观经济角度考虑，如国务院出台了一系列扶持实体经济发展，降低企业税收负担和成本的政策，而地方政府在分税制体制下，地方财政保障的财力不足，承担的事务较多，事权和财权不匹配，导致各地过路费、罚款增长快于税收增长，一定程度上推动了企业物流成本、人力资源成本上涨。税收治理实践与营商环境优化落实，还需要进行更多的财税体制改革和具体落地政策配套。

二、建议

1. 出台试行的《基本税收征管法律》，统领实体税法和程序税法。税收征管主体的利益和定位需要更高层级的法律进行统一协调。“税收法定论”“税收财政职能”与经济发展职能之间，需要进行顶层设计，是当前税收征管政策面临的重要任务。营商环境的改善，需要立法、政策制定部门和执行部门建立统一协调的治理体系作为保障。

2. 以税收司法为突破口，落实保护纳税人权益和改善营商环境理念。建立税法立法、司法、行政解释和征收实践的统一法律体系，使不同领域、不同视角的法律体系和征管体系协调一致，为保障纳税人诉讼保障权利顺利实现提供条件，促进营商环境改善的政策落到实处。

3. 利用税收征管“互联网＋”大数据，改善营商环境。将大数据“互联网＋”作为一种思维模式（认识模式）、路径模式（方法模式）和实践模式（基础设施、基本技能等），用于纳税人主动纳税和权益保护，发挥“互联网＋”改善营商环境，提振市场经济的作用。

总之，税收法制化道路还很漫长，随着环境的变化，需要不断优化和完善。理论和政策研究需要与税收营商环境的变化紧密结合，协同法制，助力市场经济转型发展。

第二节　突围收入分配改革　优化机会公平营商环境

“营改增”是完善税制、优化收入分配格局的重要改革，党和政府一直对收入分配问题高度重视。改革开放以来，收入与财富分配差距仍呈扩大趋势，财税体制改革在收入分配职能上还需要与其他措施结合，才能发挥更大作用[10]，具体表现在以下几个方面：

一、税收对收入分配调整作用有限，个税政策功能发挥有限

1. 全国居民收入差距总水平达到较高程度，两极分化问题随时出现。贫困度有所下降，但贫困缓解程度不令人满意，城镇贫困人口增加令人担忧。个人所得税收入具有较强的再分配功能，但在财政收入中所占比例不足7%。以间接税为主的税收制度，使工薪阶层劳动者承担了更高的税负，而高收入群体承担的税负较低。个人所得税单项调节作用，对高收入者的收入调节乏力，又不能增加低收入者的收入；需要与失业救济金、最低收入保障和经济适用房等财政支出政策结合，才能增加低收入阶层收入，降低收入分配差距。

2. 财政转移支付社会保障功能不足，再分配调节收入效应缺乏。我国财政支出用于民生的比重较低，“共同富裕”的实现路径和财税调节手段。当前社会，财富向少数富人手中集聚的趋势还是比较明显，收入分配制度中还有需要进一步完善之处。政府转移支付比重虽然很大，但大多为项目支出，低收入阶层福利支出比例不高；同时，社会保险制度的收入分配功能不足，工薪

阶层的社保缴费率过高，城市就业人口缴纳费用负担较重；低收入群体参与社会保障意愿低、社保参保程度低，加大了与高收入群体的贫困差距。

3. 市场经济体制不完善，导致收入差距拉大，非财税政策可以调整。我国个人收入格局形成，经过了初次分配和再分配两个过程，初次分配主要按市场机制进行，再分配主要由政府参与，但政府对收入再分配只能以初次分配为基础。如果市场运行体制不完善，灰色或非法收入并非税收有效调节的范围，需要完善市场经济体制、规范初次分配秩序来缩小。同时，资本运营方式聚集财富要快得多，如通过收购兼并全民所有制企业，资本上市圈钱和进入房地产、矿产等行业；垄断性收入和权利分配带来的收入，也导致收入差距加大。

二、财税制度改革是现阶段收入分配调节的突破口

从深层次作系统性思考，发现收入分配和财富分配问题与财税体制有密切联系。

1. 应逐步形成原则性、框架式的市场经济体制改革方案。“规范收入分配秩序，保护合法收入，增加低收入者收入，调节过高收入和取缔非法收入”，“降低垄断资本报酬率，提高富人及高收入者税收，提高最低工资标准，增加低收入者的收入，建设橄榄形社会”，是十九大提出的收入分配改革目标。但调整几十年来形成的收入分配格局，涉及财政、税收、社保等，与正在进行的个税改革、养老金改革、国企改革等存在复杂关系，难以形成可操作的具体方案。

2. 地方财政收入过度依赖土地财政，地方债务不明，隐含金融风险巨大。地方政府长期面临资金缺口，地方政府缺乏主体税种、税收渠道狭窄，财政捉襟见肘。地方政府为平衡支出，使

土地财政和债务性融资成为地方财政的普遍模式，在中央强势的房地产调控政策下，各地方政府依然试图给房地产市场松绑，也是基于大部分省份财政收支赤字，尤其是县级财政普遍困难。有些地方甚至透支了未来几十年的土地财政收入，系统性金融风险累积，对实体经济发展和良好营商环境造成威胁。

3. “营改增”后地方财政压力未得到缓解，财税体制改革的系统性风险依然较大。“营改增”是最大动作的财税体制改革，涉及整个财税体制以及整个经济社会体制，地方的税收收入总体在下降，地方政府财政依然吃紧。地方政府谋求加强非税收入（即费用）的征管增加财政收入。不正常的非税收入高速增长，将伤害实体经济，削弱了“营改增”的结构性减税效应。由于非税收入规范程度低，企业长期制度运行成本加大，会引发更多社会风险。若非税收入在财政收入中的占比上升成为常态，营商环境得不到改善，对经济发展的影响十分不利。我国非税收入比例比发达国家高，发达国家非税收入占财政收入的比重一般在5%—15%之间，中等收入国家在15%—25%之间。我国属于收入中等偏上国家，2011年审计署公布54个县实现的财政性收入中，非税收入占60.45%，超过税收收入20.90个百分点。

三、建议

财税体制改革是一项系统工程，必须解决地方税制和中央、地方政府间税权的划分，才能化解地方债务风险，解决中央地方两级财源分配失衡等一系列难题，收入分配问题才能得到突破。

1. 借鉴美国财税体制，实行三级财政划分制度。建立以“分别立法、财源共享、自上而下的政府转移支付制度”为特征的分税制。按照公共物品的功能性、层次性等特征，在分工基础上建立“财源共享”的分税制体系。各级政府间税收收入占比根据经济发展状况不同设置，如国家税收以个人所得税和社会保障税等所得税为主，省市税收以销售税为主，下一级地方政府以财产税为主等，给地方政府比较稳定的征税空间。

2. 健全统一规范透明的财政转移支付制度，增加民生支出比重，提高转移支付资金使用效益。降低行政权力寻租风险，下调政府行政管理开支比重，是增加民生支出在财政总支出中占比的前提条件。强化政府公共服务功能，淡化政府“经济建设”功能，以公益性为目标，推进国有经济的战略性调整，将国有资本逐步从竞争性市场领域退出，转而提供短缺的公共产品，通过“收费”建立商业模式的基建项目和公共产品领域，引入社会资本，降低政府投资在财政预算中的比重，这样既能减少行政权力的寻租风险，又能有效提高资源的配置效率。同时，通过优化组织结构，提高政府公共服务的效率，精简公务员队伍，减少“三公费用”的支出，降低公共服务的成本，建立完善县级基本财力保障机制，加强县级政府提供基本公共服务财力保障。

3. 通过“负税收”保障低收入群体基本生存条件。从二次分配环节来看，政府通过转移支付，把部分财政收入还给居民家庭，是提高低收入群体可支配收入的有效手段，如通过医疗保障、免费教育、失业补助和养老金以及其他渠道，让低收入者获得补贴和救济，得到基本的生活保障，西方有些经济学家称之为“负税收”。

统计数据表明，2011 年教育、医疗及其他社会保障支出在我国财政支出中的占比为 32%，而美国、欧盟、日本相对应的这块支出，分别占其财政总支出的比重为 52%、66% 和 62%。提高政府财政支出中教育、医疗及其他社保支出的占比，从而提高低收入阶层对社会公共产品的享用水平，是有效缓解低收入阶层生存困境、缩小贫富差距负面作用的有效手段。

总之，可将财产行为类有关税收作为地方税体系的重要内容，不断增加地方税收收入，在统一税政的前提下，赋予省级政府适当税政管理权限，培育地方支柱税源。

第三节　完善信用基本制度　夯实优化营商环境基础

在我国“十三五”经济发展规划改革中，财税体制改革是关键。而基本信用制度改革是财税体制改革的基础。信息不透明、信用体系不完善是多项改革受阻的主要原因。目前，实现诚信体系从碎片化到完整统一的过渡，降低整个社会的诚信风险，控制社会各个领域条块分割的监督运行成本，是实现“十三五”规划的紧迫任务。

一、我国个人和社会基本信用制度的现状和存在的问题

1. 个人基本信息不透明，社会运行监督成本高，犯罪成本低[11]。我国居民收入非货币化占比相对较高，一些财产收入和福利收入不透明，收入不透明导致收入差距拉大。我国公民或企业机构的信用记录分别由央行、工商、税务、海关、行业协会和金融等机构掌握，信用信息登记分散、管理多头、部门信息存在“孤岛”。个税开征 30 年以来，由于财产收入不透明，财产税一直难以征收；收入相对透明的工薪阶层却收入不高，难以达到“保护低收入者，适当照顾中等收入者，重点调节高收入者”的目的。

收入不公开会加剧社会矛盾产生。一些企业与机关事业单位的隐性福利拉大了收入差距；公务人员收入公开，可以对权力寻

租问题加强监督；医务人员收入公开，有利于减少过度医疗问题产生，减少因病致贫引发的社会矛盾。

2. 政府收支透明度不够，对政府公共支出监督力度不够。在过去的 13 年间，土地出让年收入增长超 30 倍，总额近 20 万亿元，部分地区土地出让金占据地方财政“半壁江山”，甚至超过税收收入，成为弥补地方财政收入不足的重要来源，但是其公共支出尚未纳入预算，不能接受地方人大和社会公众的监督。

我国税收收入虽然连年超收，税收流失情况也日趋严重，“管理失位，税源监控薄弱，征查之间失位”的现象尤为明显，同时征管成本过高和权力寻租现象难以杜绝。不能从源头上解决问题，而靠专管员查收的监管体制不利于税收体制改革的进程。

3. 信息不透明造成违约成本低，是信用体系不完善的主要问题。随着互联网逐步成为市场经济不可忽视的力量，信任危机可以说是市场经济健康发展的生死存亡问题。由于信息不透明，社会信用的惩戒机制难以到位，降低了社会违约成本。

二、问题形成原因分析

社会信用是一切市场经济的基础，也是互联网经济的灵魂。依法治国的依据是社会主体依法守信，信用环境健康公正。信用制度的基础，是建立公民和社会组织的金融实名制、社会信息透明制。

金融实名制要求每一个公民在任何一家金融机构开设任何账户时都必须使用实名，所有的金融交易也必须使用实名并记录在案。信息公开，要求公民及各种社会组织的现金交易受限，基本的收入和支出必须通过银行等金融系统。而这些交易和收支信息，有关管理部门必须向税务机关和社会公开，建立相关有法律保障的查询渠道。

金融实名制度、收入透明制是目前世界上最好、最有效的制度，尤其是在预防和惩治腐败、建立完善的税收体制和有效提高全社会经济资源配置效率方面。在现实生活中，其对抑制不合理的贫富差距、提高税收征管效率、建立合理的调节收入分配机制、促进生产投资效率、促进创业创新等方面，也有着十分积极的作用。

三、建议

1. 建立个人金融实名制体系和电子信息查询联网系统。充分利用个人在银行的账户体系和银行先进的往来资金结算系统。凡中华人民共和国境内的所有金融机构的全部金融交易都必须使用实名进行，交易记录定期保存，并限期确认现有金融账户开户人名称的真实性。

2. 限制现金交易。现金交易是全球重要的洗钱方式之一。可以学习其他国家的现金管理模式，日常的乘车、购物等消费均采用银行卡支付，对超过一定限额的现金交易进行限制和监控，如人民币 5000 元以上，外币 500 美元以上，必须向有关部门登记说明原因。“可疑”“大额”的现金交易如超过 5 万元，需向人民银行备案。同时，接受大额现金交易的商户或金融机构也必须登记备案并缴纳费用。

3. 金融信息的公开透明制度。应在法律上规定银行（包括网络信息）保险业等金融机构必须向税务机关和合法的信息使用人公开纳税人信息，使税务机关能掌握纳税人的完整交易信息，而不必花费大量的成本进行征收管理，也能预防权力寻租；同时，税务机关有权从银行获得任何人的证券收益资料。纳税人的税号、保险号码与工商登记、银行信用、社保缴纳等与个人利益相关的信息紧密联系，可用于与纳税人个人申报信息进行比对，以保证申报的真实性。应从法律上要求所有登记注册的企业，在政府网站披露企业人员、财务等相关信息，任何人付费即可查询企业相关数据和人员资料，税务部门对主动披露信息的纳税人从轻处罚。

4. 加大违信惩处力度，改变税务机关依靠专管员查收的强制征收体制。改变税务机关征管职能为服务职能，促进纳税遵从。将税务机关的征管职能转变为服务职能，建立纳税遵从的良好社会秩序，纳税人自评自报，为企业建立良好的市场经济环境，可以大幅度降低税务部门征管成本，协调税企关系和降低市场经济的运行成本。

纳税机关实施纳税人分类管理，提高征管质效。根据纳税人对税法的遵从程度和企业规模两个标准对纳税人进行风险评估后，再进行分类管理。遵从度较高的纳税人可用互动工具自我服务；遵从度较低的纳税人，使用风险工具干预，产生威慑效果。对全国排名前 2000 位的大企业，派驻客户关系经理联系办公，进行纳税风险评估，引导纳税遵从，从而提高服务效率，不仅降低了服务成本，办公透明度提高也促进了纳税遵从。

5. 转化政府职能，促进社会咨询服务行业管理等社会组织独立健康发展，促进多方共赢。加快政府职能转变，促进社会主体自觉守信守法。应建立行业政府主管部门只依据法律对税务代理行业进行强制约束和规范，对不端违规行为严厉处罚。改革政府主导的经济管理体系，建立行业管理制度，保持社会行业管理机构较强的独立性、客观公正性和可信任度，加强行业自律管理能力和管理规范。

第四节　治理地方“非税收入”，以规则维护公平营商环境

2012年10月22日，财政部发布信息，前三季度全国税收总收入增速总体大幅回落，同比回落了18.8个百分点。而非税收入却大幅度增长，特别是全国罚没收入增长过快，引起社会各界关注。

一、非税收入异常增长问题

各省份2012年前三季度财政数据显示，有些地方税收收入增长“失速”而非税收入大增，有的甚至高出税收收入40多个百分点。

1. 部分城市税收收入增长“失速”的情况下，非税收入增幅却在“提速”。在全国推行“营改增”，进行结构性减税的情况下，地方非主体税种和非税收入却以较高的速度增长，从一般预算收入累计完成数看，北京（9.6%）、上海（7.2%）、浙江（6.0%）三省市同比仅实现个位数增长；中部地区所有省份都实现同比15%以上的增长，整体财政实力较强；西部地区虽然有贵州（33.9%）、新疆（24.8%）的同比增幅排名全国第一和第四，但陕西却以-8.2%的增幅排名倒数第一，成为唯一累计完成数同比负增长的省份。从非税收入增幅看，天津（54.75%）高出税收收入增幅（10.86%）40多个百分点，安徽（52.1%）高出税收收入增幅（15.3%）30多个百分点，广东非税收入增幅（25.89%）高出税收收入增幅（8.15%）近18个百分点，江苏非税收入增幅（21.3%）高出税收收入增幅（11.7%）近10个百分点。

2. 在依靠非税收入拉动地方财政的省份，罚没收入构成了非税收入的重要组成部分。广西 2012 年前三季度全区税收收入同比仅增长 10.1%；而“随着交通、城市规划、城市管理等部门执法力度的加大，罚没收入同比增收 5.96 亿元，增长 27.2%”。重庆全市税收收入完成 707.4 亿元，同比增幅仅为 4.5%；而罚没收入累计约 20.7 亿元，同比增幅为 31.5%。

二、建议

地方政府财政信息的不透明、不公开以及预算软约束的存在，是导致非税收入过快增长的重要因素；财政透明度越低，预算软约束越强，非税收入规模越大[12]。有些省份财政较为紧张，税收收入增长乏力，这是拓宽非税收入管理范围和领域，积极寻找新的增长点，为财政收入“增收挖潜”的主要动力。但天津、安徽、广西、重庆等地区罚没收入同比增幅达到近三成，对实体经济形成巨大压力。

非税收入的规范程度较低，与中央宏观调控的意图相悖，应引起地方政府警惕，避免不正常的地方政府非税收入伤害实体经济，导致“营改增”的结构性减税效应削弱。

因此，增值税改革方案中，随着税收收入集中到中央，地方财政吃紧，应注意推进“营改增”进程中的“费改税”范围和改革力度，规范非税收入征收，以保护地方实体经济健康发展。

第五节　优化税款退款程序　尊重保护纳税人权利

国家税务总局于 2014 年 3 月 25 日发布了第 31 号令《税款

缴库退库工作规程》（以下简称《规程》），其中第二十三条内容可能与《税收征收管理法》第五十一条相抵触。依据《规章制定程序条例》（中华人民共和国国务院令第322号）第三十五条规定：“国家机关、社会团体、企业事业组织、公民认为规章同法律、行政法规相抵触的，可以向国务院书面提出审查的建议，由国务院法制机构研究处理。”

一、可能存在的问题

1.《规程》第二十三条混淆了“税务机关依职权退库”和“依申请退库”两种情形，对前者设立“纳税人申请”前置程序与《税收征收管理法》第五十一条规定相抵触。

《税收征收管理法》第五十一条规定：“纳税人超过应纳税额缴纳的税款，税务机关发现后应当立即退还；纳税人自结算缴纳税款之日起三年内发现的，可以向税务机关要求退还多缴的税款并加算银行同期存款利息，税务机关及时查实后应当立即退还；涉及从国库中退库的，依照法律、行政法规有关国库管理的规定退还。”税款退库业务包括“依职权退库”和“依申请退库”两类。对于所得税年度汇算清缴退库、土地增值税清算退库、纳税人缴纳纳税保证金后申报结算退库以及税务机关检查发现纳税人多缴税款等情形，税务机关应当依职权主动办理退库，而不以纳税人申请为前提。

《规程》第二十三条规定：“税务机关直接向纳税人退还税款的，应当由纳税人填写退税申请。税务机关通过扣缴义务人向纳税人退还税款的，可以由扣缴义务人填写退税申请。”该条规定对税款退库业务不作区分，将“税务机关依职权退库业务”也认定为“依纳税人申请退库业务”，与《税收征收管理法》第五十一条规定相抵触。

而2014年9月24日国家税务总局发布《全国县级税务机关纳税服务规范1.0版》（税总发〔2014〕98号）第4.23.1－111的【业务描述】内容则是正确的："纳税人超过应纳税额缴纳的税款，税务机关发现后应当依职权退还。纳税人自缴纳税款之日起3年内发现的，可以向税务机关要求退还多缴的税款并加算银行同期存款利息，税务机关及时查实后，依照法律法规的规定办理退还手续。"

2. 对税务机关应当依职权退库的情形设立"纳税人申请"前置条件后，造成各县级税务机关消极履行所得税年度汇算清缴退库责任。

企业所得税季度预缴，次年5月31日前办理年度汇算清缴，多退少补。这属于所得税款的结算程序。纳税人向税务机关提交《企业所得税年度申报表》以后，应补、应退一目了然，并且在税务机关的征管系统中明确记录。纳税人申报结果是应退税款，税务机关经案头审核确认申报数据无误的，税务机关即应依职权主动办理退库。但纳税人在全国各省各区县办理纳税的业务实践中，大量出现基层税务机关在税收任务计划考核等各种动因的驱动下，不即时办理多缴税款的退库；对纳税人提出的退税要求，工作人员则以"纳税人未填申请表""申请未获批准""税务局要查账"等各种理由设置程序障碍，不受理申请或劝诱纳税人填写"申请抵缴下期税款"或撤回申请，侵害了纳税人的退税权。

二、建议

《规程》第二十三条对"税务机关依职权退库"和"税务机关依申请退库"两类行为未加区分，统一设立了"纳税人申请"前置程序条件，与《税收征收管理法》规定不符，与国家税务总局自己发布的《全国县级税务机关纳税服务规范1.0版》“业务描述”内容亦不相符，在实践中成为基层税务机关妨碍纳税人行使退税权的“文件依据”，可修改为“税务机关依法退税”。

第六节 完善“增值税优惠政策” 保障公平化全产业链抵扣

总体上，“营改增”具有明显的减税效应，但不同纳税人身份下的减税效应不同，其对各行业的具体影响也不同，既有降也有升[13]。

一、问题和原因分析

增值税是“全抵扣链”的特定税种，在产业链的中间环节免税，会造成增值税抵扣链断裂。

1. 营业税的免税政策照搬到了增值税，使“营改增”的实际效用背离了初衷。当前，营业税免税等税收优惠政策，很多政策属于“产业链中段”优惠政策。“营改增”后，营业税的免税政策照搬到了增值税，整个产业链的税收并未减免，却导致下游企业税负急剧上升，产生产业链上下游税负不均问题。

产业链抵扣发生扭曲，下一个环节企业税负增加，从而抵消了增值税的减税效应，背离了“营改增”的初衷。

2. 免税税额实际“转嫁”给下一环节产业，使其税负增加，产业链税负不公可能阻碍市场经济发挥正常作用。企业就不愿意将服务外包和进行主辅分离，转而选择“非专业化”发展道路，为降低税负，对上下游产业进行兼并，从而导致经营产业链拉长，创新能力和竞争力下降。处于中间环节的原材料批发企业免税 34 万元，就不能再向下一环节企业开具增值税专用发票，下一环节企业就无法进行进项税抵扣，免税额将通过增值税抵扣链条传递给下一环节企业承担，下游企业进项税额减少 34 万元，将导致实际应交增值税多出 34 万元。

这种由于税制造成的产业链税负不公，可能会使市场经济无法正常发挥作用，造成长期负面影响。

3. 整个产业链的税负没有发生变化，并没有完全实现结构性减税的初衷。从图 2－1 的产业链看，无论中间环节如何免税，最终消费者都将承担整个产业链条的增值税之和 68 万元。如果在零售环节实行增值税免税，虽然零售商自身需要承担进项税，但零售环节产生的增值额应交增值税免交，消费者负担的税额就可以相应减少。

可见，增值税免税适于最终零售环节，而不适合对产业链的中间产品和服务免税。有评估报告指出，由于长期对金融业实行免征增值税，欧盟金融业国际竞争力呈现逐渐降低趋势。我国应该吸取欧盟的经验教训，尽可能避免对产业链的中间环节进行免税。

二、原理分析

中间环节免税导致免税企业成本增加，下一环节企业税负加重，产业链税负不均（以 17% 税率为例），根据增值税有关管理规定，批发企业增值税应纳税额计算公式如下：

增值税应纳税额(200×17%)＝销项税额(200×17%)

－进项税额(100×17%)

＝34－17

＝17（万元）

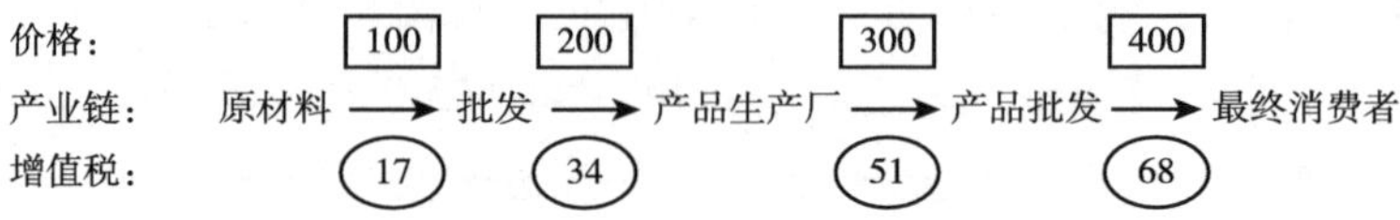

图 2－1　增值税产业链流程图（单位：万元）

1. 中间环节（除原材料生产和最终消费者外的其他环节）企业免税，因进项税不能抵扣转为进货成本，导致购货成本增加。产业链中间环节如原材料批发企业，进货时的进项税额 17 万元，已和货款一起支付给供货方；企业有增值额（200－100）时，需要就增值额补缴多出的部分，即 34－17＝17（万元）。这意味着，如果对该企业销项税税额给予减免，根据《增值税暂行条例》规定，17 万元进项税既不能抵扣，也不得用于其他非免税产品的抵扣，购买原材料的进项税 17 万元就成为企业进货成本，使进货成本增加 17 万元。

2. 对中间环节企业而言，免税会增加其自身的经营成本，进而影响到市场销售，选择征税反而更有利。这也是增值税有关法律规定与其他税种不同，“允许纳税人放弃免税待遇”的原因。

如从事软件开发、技术开发等服务的信息技术企业的增值税免税项目，由于其客户主要是增值税一般纳税人，大都要求开具增值税专用发票而坚持不肯降价，企业不得不自行放弃增值税免税。

同时，对某种货物在国内环节和进口环节同时免征增值税，会造成对国产货物的政策歧视和不公平待遇。进口货物全环节免征增值税，而国产货物免征的仅仅是增值额部分税基，似乎有失公允。

三、建议

1. 取消划分小规模纳税人和简易征收率征收方式。将小规模纳税人与一般纳税人统一为“增值税纳税人”。减少因增值税制度设计上的增值税纳税人身份之间的差别，从而产生的制度性不公平税负[14]。

2. 减并税率，发挥市场机制的中性作用。在增值税实施后期，减并税率，消除增值税对经营活动产生的累进性，尽量采用统一税率。

3. 及时调整增值税优惠政策，减少增值税对市场经济的扭曲作用，制定专项返还补贴政策。维护良性市场经济竞争的经济环境，保障市场主体公平的地位，取消增值税优惠政策。对于税收负担重的环节，可以给予专项返还补贴。

第二章

补齐行业政策短板　精准施策稳定透明的营商环境

环保行业是特殊行业，近几年国家加大环境治理力度，注重绿色发展。2015 年 7 月以来，财税〔2015〕78 号文件正式执行，取消了污水、垃圾及污泥处理劳务缴纳 30% 增值税的优惠政策，以及再生水产品缴纳 50% 增值税的政策。由于环保产业主要成本是人工、折旧、药剂、动力费和管理费用，治理、回收、服务咨询等相关产业链都难以获得进项抵扣。在“营改增”后，环保企业的增值税及附加税都增加了，经营亏损企业明显增多。而增值税即征即退政策实际执行流程十分繁琐，耗费人力和物力成本较多，企业普遍面临发展困境。加上近年环境治理政策处罚力度加大，整个行业面临较大的困境，营商环境亟待改善。

与此同时，一些特定增值税优惠产业，出

现了利用增值税建设政策牟利的现象。“假企业、真虚开”“假出口、真骗税”，2018 年，全国共查处涉嫌虚开增值税发票企业 108970 户，定性对外、接受虚开增值税专用发票及其他可抵扣凭证 582.5 万份，涉案税额 1108.93 亿元。查处涉嫌骗取出口退税企业 3545 户，挽回税款损失 147.87 亿元（经济观察网获得的数据）。这些行为，不但给国家税款造成巨大损失，也破坏公平竞争的税收秩序、外贸秩序和市场秩序，破坏了公正竞争的税收营商环境。为此，国家税务总局、公安部、海关总署、中国人民银行等四部委共同部署，开展打击虚开骗税违法犯罪两年专项行动。

本章内容聚焦环保产业和虚开增值税发票犯罪治理问题，以精准施策公平营商环境为主题，获得了国家领导人批示且入选 2017 年全国政协集体提案，或被有关政策部门采用和媒体刊登，取得了良好的社会效果。

第一节　完善环境治理税收政策　助推环保产业健康发展

在十二届全国人大常委会第十一次会议上，环境保护税法已列入十二届全国人大常委会立法规划和国务院 2014 年立法计划。围绕该税种设置的可操作性、税率设定的合理性、企业负担的可承受性等问题，社会各界十分关注，希望环境保护税开征能实现经济社会发展与环境保护的双赢，做到不顾此失彼，不使污染合法化，为此，我们建议有关方面应在立法中注意以下问题：

一、环境产业实际税负与税收立法初衷背离

1. 处理好环境管理体系和税收征管体系的关系。环境保护税的开征，涉及环境管理体系和税收征管体系各自不同部门的实施主体，两者的目标不同：前者以保护环境为目标，后者则以实现财政收入为主要目标；环保部门希望通过征税遏制环境污染行为，实现环保意图；但由于征税部门与污染者之间存在着信息不对称，存在执法上的困难[15]。

税务部门缺乏生产过程中产生的污染方面的专业知识，没有核实企业耗费环境资源情况的技术能力，如果没有环保部门提供支持，环境保护税税种、税率、税基等难以确定。

2. 环保税收收入的分配与使用之间存在主体不一的矛盾。环境保护税征收范围宽、征管难度大、课税对象广、税源不稳定等，涉及中央和地方的利益，符合共享税的构成要件，在分配和使用上应处理好中央与地方之间共享和分配的关系，我国还没有成熟的收入共享分配机制。西方发达国家普遍建立了环境保护税，专款专用，我国可借鉴建立环保基金，专门用于污染治理、环境保护设施建设等方面。

3. 需要完善负担与受益、公平与效率的协调机制问题。建立环境保护税收制度，应建立公平原则，构建污染者负担、完全纳税、受益者补偿的原则，以保证实现“谁开发谁保护、谁破坏谁恢复、谁使用谁负税”的目的，促使外部成本内在化，实现环境保护公平。同时对产生正外部性、提高资源配置效率的企业应给予税收优惠；制定简便明了的环境保护税收制度，便于征管和缴纳。

4. 环境治理一票否决，环保税收与经济发展水平协调一致。开征环境保护税可能导致排污行为在交税后变成合法，会在一定

程度上影响某一些行业的发展。我国环境保护税的设计应与我国整体发展水平相适应，坚持合理适度的原则，以既能限制污染，又能促进生产方式转变，形成新的发展方式和生活方式为前提，构建起适合我国国情的征收制度。

5. 处理好环境保护税与其他环境保护手段的关系。开征环境保护税具有工具的局限性，在有些环节或领域会受到限制。应将环境保护税与其他环境保护手段紧密结合起来，引入市场机制，建立健全矿业权以及排污权有偿使用和交易等制度，相互促进补充。

二、建议

1. 发挥财政补贴的激励作用。财政补贴是一种常见的政策激励手段，政府对补贴对象发放的补贴，给补贴对象一笔自由支配的资金，可以鼓励企业自觉地改进生产技术或采用污染控制技术；相对于给予企业的税收优惠，财政补贴能发挥更好的引导鼓励作用或示范作用，企业也比较乐于接受，实施的可操作性也很高。但应注意补贴的方式方法，以防起到相反的作用。

2. 加大排污收费制度执行力度，提升排污治理效果。排污收费制度作为中国环境管理中最具有经济特色的手段，取得了一定的环境效益、经济效益和社会效益。

3. 普及全民环境保护意识，增强现代化的环保教育手段。教育手段能对环境税收起导向和推进作用，要始终贯穿于环境保护工作之中；同时，由于教育过程周期性较长，教育手段要尽早实施。教育手段又是一种“软手段”，在环境保护中发挥基础性作用，由于它缺乏执行过程中的强制力，必须与其他手段配合使用。

4. 增强公众参与环境管理的意识，提升行动力。解决中国严峻环境问题的最终动力来自于公众。公众参与，应体现在公众充分行使宪法赋予的知情权、参与权、表达权和监督权，对各类环保公共事务进行深度参与。因此，中国急需采取积极的措施，扩大公众对环境管理的参与程度。首先，应加强环境信息的公开；其次，应鼓励民间环境保护非政府组织的发展；再次，应建立公众参与政府决策和环境影响评价的机制和程序；最后，还应建立环境公益诉讼制度。

第二节　垃圾环保产业发力，定向优惠政策应跟进

随着城市化、工业化及互联网+(物流包装）等新兴经济发展，带来了各类垃圾暴增污染环境的问题。环保产业虽然已经受到政府高度重视，但垃圾处理等环保行业整体垃圾处置能力不足，垃圾不能及时处置，形成新的污染。

一、存在问题

一方面城乡建筑、电子、生活、农药化肥和快递包装等各种垃圾暴增，另一方面垃圾废物处理和再生资源利用等环保企业处置率不到一半，大量垃圾堆积，危害大且浪费大量的土地等资源。

2015 年全国工业危险废物产生量 3976 万吨；全国城市年生活垃圾超过 1.5 亿吨，累积存量已达 70 亿吨，占用土地 80 多万亩。全国 688 座城市 2/3 被垃圾包围，1/4 已无合适场所堆放垃圾，年垃圾资源损失价值在 250 亿元至 300 亿元。快递过度包装导致每年废弃价值达 4000 亿元，占年新增生活垃圾的 90%。全

国4万个乡镇、近60万个行政村大都无环保基础设施，年生活垃圾2.8亿吨无法处理。清洁焚烧中心进场垃圾处理超过设计能力，“共享快递盒、循环包装袋”等创新节约措施作用非常有限。我国年固废物超过100亿吨，历年堆存总量达600亿—700亿吨。2016年全国持危险废物经营许可证的单位2149家，设计处置能力6471万吨，实际综合利用率（转化为可利用废物）只有52%，处置率（转化为不可回收废物）仅30%。大量垃圾无法处理，流向没有资质和处理能力的企业，形成再次污染。我国环保企业处理技术单一，而危废种类繁多，供需种类严重错配，很多危害性强的垃圾企业缺乏相应技术进行处理，危害性不断累积。

二、主要原因

1. 环保行业企业税负高盈利难，“散、小、弱”，出现政策性亏损。由于企业回收垃圾难以取得增值税进项抵扣发票，需要缴纳全额增值税和附加费，税负最高可达18.7%，为维系经营利润，企业间虚开虚抵废旧物资专用发票现象有扩大趋势。部分企业甚至选择将回收的废旧物资直接“不开票销售”给环保不达标的小企业，或联合进行无票交易，导致正规开票企业面临非正常成本竞争。同时，我国拾荒者、零散户数量众多，回收废旧物资不交税、成本低，其“无票价”远低于正规企业“含税价”。

“营改增”企业所购设备、建安发票的进项税不能抵扣。政府投资建设公益类环保企业，其产品实行严格限价或财政补贴政策，由于无法转嫁税负，只能政策性亏损。

2. 环保行业缺乏扶持政策，税收优惠政策落地还需细化。财政部、国税总局财税〔2015〕78号文发布后，部分环保企业从免征增值税变成了按70%和50%的税率即征即退；一些地方税务机关对增值税优惠目录中未列举的工业固废品类，不予享受增值税退税70%的政策，企业实际税负高达16.5%。由于78号文没有规定何时征、如何返，对办理退税需提交的材料没有统一规定，退税周期延长，增加了企业流动资金的占用，企业反复沟通递交材料申请退税，其他隐性成本加大。

财税〔2005〕72号文对增值税先征后返、先征后退、即征即退办法返还税款，视同政府补贴收入征收所得税；对随“三税”附征的城市维护建设税（7%）和教育费附加（2%+3%），一律不予退（返）还，导致企业利润下降甚至亏损，企业现金流及资金成本、项目再投资受影响。由于国家没有环保行业专项补贴，环保企业缺乏资金投入技术研发，研发能力弱，技术单一，垃圾处理和来源复杂的垃圾处理难度较大。

3. 国外原生材料价格下降，国内民众垃圾回收意识不强，垃圾处理企业选址屡遭抵制。受世界原生资源价格下降影响，很多废旧物资生产企业放弃或减少使用国内再生资源，改用进口原生原料生产，国内垃圾收购企业销售受到打击。

由于政府严厉的监管政策，垃圾处理及再生资源企业难以进入各类产业园享受优惠政策。建设中更受到当地居民的强烈抵制而难以建设和发展。由于垃圾分类不清和回收手段单一，垃圾回收成本高、价值低。再生资源O2O交易平台、社区地铁等公共区域设置回收箱或智能回收机等商业创新模式，也因为难有持续盈利模式，投资企业很快就转向了。

三、建议

1. 加大环保行业流转税税收优惠政策，是世界税制改革的方向。建议将增值税税收优惠范围扩大到“环保机器设备制造、工程设计、施工、安装、技术和新产品试制、研发”等领域。

对污水、垃圾、危废、医废、污泥处理等免征增值税或增加返还比例。参考现行农产品核定扣除办法，用投入产出法或成本法核定可抵扣的进项税额。对从事废旧物资收购的个人，免征增值税和个人所得税。

针对垃圾处理技术单一问题，对环保 R&D 活动全过程免税。建议增加风险较大的研究阶段和技术转化期的免税规定。借鉴企业所得税加计扣除优惠方式，对纳税人 R&D 投入支出再加计抵扣 100% 的进项税额，以降低企业 R&D 投入成本。鼓励资金不足的环保企业开展 R&D 活动，专项 R&D 贷款项利息支出，允许其按利息金额的 30% 抵免增值税。

出台增值税退税细则，对即征即退的增值税免征所得税；明确规定退税时间和简化退税程序，并规范、明确企业办理退税应提交的材料。

2. 加大环保企业所得税优惠力度。在高新技术企业 15% 优惠税率的基础上，将节能环保型高新技术企业税率调整为 10%。对旧节能环保专用设备的技术改造投资，按一定比例从应纳税所得额中抵免并增加加速折旧、投资抵免等多种所得税抵扣形式。

3. 丰富政府补助方式。增加按取得的专利授权数、技术合同交易金额、新产品销售金额等政府补助。税收引导居民参与垃圾回收，让居民通过回收垃圾、购买本地产品等方式获得积分，积分用于兑换公交车票、享受绿色产品打折优惠、换取礼品等。针对税负增加环节，启动政府调价或补贴机制。

4. 完善相关法律制度。应尽快修订《固废法》，加强法律保障。给予地方政府税收优惠的管理权和立法权，允许地方政府制定本地税收优惠政策，并保持其管理权，通过环境税制的良性调控功能，取得区域经济和环保“双赢”的效果。

第三节　关注垃圾危废物产业，建立全产业链税收扶持政策

随着我国工业经济、互联网经济的快速发展，在人民生活极大改善的同时，工业、电子、物流和生活垃圾产生量巨大，其腐蚀性、有毒性、易燃性、传染性等时刻威胁着生态环境和人体健康（环境统计年报，2016）。行业税负重，产业扶持政策要求高，虚开增值税发票犯罪高发，难以形成盈利模式，垃圾流向灰色处理企业，造成新的污染。

一、存在的问题

1. 垃圾暴增，处理率低，成为新的污染源。随着社会经济发展，我国生产、流通和生活各类垃圾产生增速快，有效综合利用处置率非常低。我国危废的实际产生量可能远远高于环境统计年报的统计数据，很多危废产生量未进入国家统计口径。2015年全国工业危险废物产生量为3976万吨，占一般工业固体废物产生量的1.22%，过去10年年均复合增长率约为12%。

我国已成为世界上垃圾包围城市最严重的国家之一。全国每年产生城市生活垃圾超过1.5亿吨，年递增8%—10%，累积存量已达70亿吨，占地80多万亩。全国688座城市有2/3的大中城市陷入垃圾包围中，1/4的城市已没有合适场所堆放垃圾，年垃圾资源损失价值在250亿—300亿元。全国4万个乡镇、近60万个行政村，大部分没有环保基础设施，每年产生生活垃圾2.8亿吨，"垃圾靠风刮，污水靠蒸发"的地方为数不少。

中国是全球最过度包装的国家之一，快递业务规模已达到世

界首位，占世界业务增长的60%，包装废弃物达到百万吨级。有些地方新增生活垃圾90%是快递垃圾，成为环境污染源。其中难以降解的封箱胶带能绕赤道数百圈，日均产生快递包装垃圾千万件，每年废弃垃圾4000亿元。2017年“双十一”活动产生约15亿件包裹，同比增长35%以上，包装后续处理面临很大压力。清洁焚烧中心进场垃圾处理超过设计能力，“共享快递盒、循环包装袋”等节约措施作用非常有限（新华视点，2017）。

2. 垃圾处理率低，有资质企业吃不饱，垃圾流向无证企业，形成再污染（环保部，2016）。2015年，全国各省（区、市）持危险废物经营许可证单位设计处置能力为5263万吨，实际经营规模只有1536万吨，持证单位设施负荷率严重不足。具有危废处理资质的企业处理能力达到1000吨/日的企业仅占0.3%，综合利用率仅52%，处置率仅30%（环保部，2016）。根据发达国家经验，危废产生量占固废的比重在4%以上，按中国危废实际产生量和年报统计数据，我国每年至少9000万吨的工业危废没有被纳入统计口径，差异主要来自于企业少报瞒报，部分危废流向没有危废经营资质的企业处置。

3. 行业监管严厉，行业税负重，虚开增值税发票犯罪高发，企业难以形成盈利模式。随着我国生态文明发展，垃圾处理产业链面临严格的治理监管，行业利润薄，盈利困难。而增值税税负重，更加重了企业负担。垃圾处理及再生资源利用行业企业无法取得增值税进项发票抵扣，需要缴纳全额增值税和附加费，税负最高可达18.7%［17%×（1+城市维护建设税税率7%，教育费附加3%）］。而行业垃圾回收环境由于缺乏免税和抵扣政策，企业很难获得抵扣发票。财税〔2015〕78号设置的《资源综合利用产品和劳务增值税优惠目录》，对各地垃圾处理厂，垃圾发电厂等的建立，不仅政策优惠面比较窄，条件严，而且对企业要求标准过高，能够满足条件的再生资源加工企业很少。

税务稽查发现，在利益驱动下，垃圾收购与利用企业之间虚开虚抵"废旧物资专用发票"现象严重。为了能扩大废旧物品的销量，又能避开税负，部分废旧回收企业开始了新一轮虚开专票，造成国家税收大量流失。

当前全国回收废旧物资从业者500万人，其中拾荒者、零散户占相当部分，他们不交税，回收成本低，成为与正规企业"带票价"竞争的低廉的"无票价"。为了维系经营，部分回收企业选择开拓不开票销售业务，将废旧物资再销售给不需要发票的小型、环保不达标的企业，这些企业以不含税价格销售（隐瞒销售收入），或上下游企业勾结联合进行无票交易，导致优惠政策传导失效和高税负，对从事回收经营的正规企业起不到支撑作用，使正规开票企业经营难以为继。同时，不能取得发票的废旧物资实际上低价进入市场，严重扰乱了市场秩序，使正规企业深受其害。

4. 成熟的、可复制和可借鉴的垃圾处理模式还处于探索之中（中国城市环卫协会）。可再生资源行业缺乏盈利模式，"互联网+"回收盈利模式尚未形成。已经探索的再生资源O2O交易平台、社区地铁等公共区域设置回收箱或智能回收机等商业模式，由于公民垃圾分类意识不强，生活废弃物回收成本高、价值低，加上税负重，投入大，回收企业整体利润微薄，企业生存困难（商务部，2017）。

同时，我国原生资源使用量不断增加，世界原生资源价格下降，使国内很多废旧物资生产企业放弃再生资源，改用原生原料生产。再生原料使用比例不断下降，远低于世界平均水平。

地方政府对再生资源企业的入驻标准高、要求严，优惠少，能满足条件的企业数量少。同时，此类企业还受到当地居民的强烈抵制，人人需要，但人人抵制。行业发展面临较大的环境制约。

二、建议

1. 明确企业的环境责任，尽快出台垃圾回收环节税收优惠政策和政府补贴细则。在国务院办公厅《生产者责任延伸制度推行方案的通知》的基础上，落实再生资源回收利用领域的生产者责任延伸制度，明确生产、流通、消费各环节对废弃产品的回收利用责任，分担回收处理成本，使其成为企业的责任。同时要尽快出台对废旧物品拆解和再生利用的政府补贴细则，降低企业成本，提高企业回收处理的积极性。

对个体收购户、回收企业、用废企业制定不同的税收优惠政策，对从事废旧物资收购的个人，免征增值税和个人所得税，保障低收入者的基本生活来源。对回收企业和用废企业，参考现行农产品核定扣除办法，采取投入产出法或成本法核定可抵扣的进项税额，如可考虑给予废旧家电回收企业增值税即征即退 50% 和所得税返还。在再生资源循环利用的增值税优惠目录中，应增加“生活废弃物、工业边角余料”等内容，同时加强增值税监管。

2. 打击和整顿并举，引导与规范同步。除将电子废物、废轮胎、废塑料、废旧衣服、废家电拆解等物品纳入国家 2017 年清理整顿和政策、基金扶持的管理范围外，公安等相关部门还应加大对灰色回收产业链的打击力度。同时，由于加强城市治理和城市创建，严厉的整治措施不仅危及一些社会底层弱势群体的生存，也影响到城市居民废品的流出，因此，如何引导前者合法经营，维持生计，如何保证后者的再生资源出口通畅，也是产业政策制定者需要关注的。

3. 限制国内部分废旧物资的进口，倒逼企业改变经营方式。2017年对废纸原料的限制进口使国内废纸受到青睐，造纸企业被迫改变进货市场，改进产品工艺，开辟新的商业模式，而用纸企业尤其是快递企业为降低成本，也在减少打包耗材、优化胶带厚度和回收纸箱等方面下功夫。其他诸如废旧金属、废旧聚酯（塑料）等也可采取类似的方式处理，从源头上倒逼企业进行改革。

4. 加大行业规范投资引导。产业园区、加工基地和大型货场是行业发展的方向，政府可通过财政专项资金、PPP模式、引入风投等方式，对回收用废企业进行政策扶持，对新建高新用废企业给予用地奖励，以项目形式引导行业走集约化、规模化的发展之路。

垃圾处理与再生资源回收利用体系的建设和持续发展，有关治理和扶持政策，要从源头做到废弃物减量化、资源化和无害化，实现物资回收再利用，获得物资回收在经济和环境效益的和谐统一，建立现代回收利用体系，具有重要现实意义。

第四节　解决“垃圾污染处理难”　完善再生资源税收豁免政策

“营改增”后，环保与再生资源产业的税收优惠政策取消，同时环境治理力度加大，相关产业被关停并转；同时“毗邻效应”叠加，使相关产业生存艰难。

一、问题和原因分析

据国家统计局数据，2015年全国再生资源回收量仅增长0.3%，2016年行业规模以上企业有1555家，增长率不足1%。

2016 年行业实现利润总额 203.1 亿元，同比下降 0.1%，行业整体盈利开始走下坡路。

2016 年底，我国十大类别的再生资源回收总量约为 2.56 亿吨，同比增长 3.7%，但存在着“互联网 +”回收盈利模式尚未形成、增值税优惠政策落实难度大、行业标准规范缺失等问题（商务部，2017）。

1. 各类垃圾暴增，由于处理难而成为新的污染源。中国是全球最过度包装的国家之一，2016 年“双十一”活动的快递总收件量达 2.5 亿件，包装垃圾达 5 万吨以上（中国环境报，2016），快递业务规模已达到世界首位，占全世界业务规模超过四成，占世界业务增长的 60%，预计将突破 400 亿件，产生的包装废弃物也达到百万吨级，其中难以降解的封箱胶带能绕赤道数百圈，日均产生快递包装垃圾千万件，每年废弃垃圾价值 4000 亿元，有些地方新增生活垃圾 90% 是快递垃圾，成为环境污染源，社会各方一直呼吁，但难以根治。

目前全国有 1/3 以上的城市被垃圾包围。全国城市垃圾堆存累计侵占土地达 75 万亩。全国 4 万个乡镇、近 60 万个行政村大部分没有环保基础设施，每年产生生活垃圾 2.8 亿吨，不少地方还处于“垃圾靠风刮，污水靠蒸发”状态。

2. 原生资源采购替代再生资源，回收处理行业创新盈利模式难以形成。商务部发布《中国再生资源回收行业发展报告 2017》指出，我国再生资源回收产业的“互联网 +”回收盈利模式尚未形成，已经探索的再生资源 O2O 交易平台、在社区地铁等公共区域设置回收箱或智能回收机等商业模式，由于企业初创规模较小，生活废弃物回收成本高价值低，而产业链较短，且同质化严重，再生资源行业整体利润微薄，企业生存困难。

2016 年开始，我国造纸、包装及印刷行业的涨价严重，纸价一路暴涨，一些纸业 10 天内三次提价，有钱买不到纸，大量企业只能停止接单。

另一方面，随着全球化发展，世界原生资源价格下降，废钢铁、废纸、废塑料不仅没有价格优势，甚至倒挂，很多废旧物资生产企业放弃再生原料改用原生资源生产，我国再生原料使用比例不断下降，远低于世界平均水平；同时我国原生资源开采量和使用量也不断增加。

“财税〔2015〕78 号”设置的《资源综合利用产品和劳务增值税优惠目录》，政策优惠面比较窄，条件严、对企业要求标准过高，能够满足要求的再生资源加工企业很少，导致加工企业的整体实际税负提高。

3. 行业竞争秩序不规范，税收优惠政策受限，导致企业税负重。废旧物资回收活动 85% 的客户是“40、50”人员、残疾人、农民工、个体户和流动业主，行业经营无序，难以规范管理，根据有关政策，无法取得增值税进项发票抵扣，回收企业需要缴纳全额增值税和附加费，税负最高可达 18.7% [17% × (1 + 城市维护建设税税率 7%，教育费附加 3%)]，远远高于其他行业。全国回收废旧物资从业者 500 万人，其中拾荒者、零散户占相当部分，他们不交税，回收成本更低，形成了与正规企业“带票价”竞争的价格低廉的“无票价”，导致再生资源加工环节税收优惠对从事回收经营的正规企业起不到支撑作用，优惠政策传导失效和高税负，导致正规开票企业经营难以为继。

当前严厉的整治行动，也威胁到这部分人的生存，如何引导他们经营并维持生计，也是产业政策制定者需要关注的。

为了维系经营，回收企业选择开拓不开票销售业务，将废旧金属销售给不需要发票的小型的、环保不达标的冶炼企业，这些企业以不含税价格销售（隐瞒销售收入），或上下游企业勾结联合进行无票交易，逼迫大型钢厂降价销售，陷入恶性竞争循环。

再生资源收购环节，使用废杂铜无增值税进项抵扣，而采购电解铜有进项抵扣，企业自然选用电解铜，导致废杂铜使用率下降；再生聚酯行业，是利用旧聚酯瓶（如矿泉水瓶）经过回收、加工再生产涤纶丝和其他化工产品，近年来形成了较大规模的绿色循环经济产业，但也受制于再生资源税收优惠政策，难以大规模回收废旧聚酯，大部分瓶片不在国内采购，而从国外进口。尽管进口瓶片交货期长，质量差且难以退货，还有汇率风险，国内企业还是大量进口废旧塑料瓶片，而国内垃圾长期无法处理。再生聚酯纤维企业只有进行产业链垂直整合，实现回收+利用一体化，才能在保证产品质量的前提下降低成本，提升盈利能力，但采购废旧矿泉水瓶抵扣凭证问题不解决，拉长产业链的盈利模式也无法实现。

《资源综合利用产品和劳务增值税优惠目录》（财税〔2015〕78号）政策优惠面比较窄，条件严，对企业要求标准过高，能够满足要求的再生资源加工企业很少，导致加工企业的整体实际税负提高。

4. 企业间收购活动虚开专票高压高发，成为虚开发票犯罪源头，国家税款流失严重。为了维系经营，回收企业选择不开票销售业务，将废旧金属销售给不需要发票的小型的、环保不达标的冶炼企业，这些企业以大大低于含税价格进行销售，或从非资源再生企业购买专票，或上下游企业联合进行无真实业务的虚开发票交现金交易，导致国家税收流失较重，逼迫大型钢厂只能降价销售，竞争环境恶化。

税务稽查发现，在利益驱动下，收购与利用企业之间虚开虚抵“废旧物资专用发票”现象严重，为了能扩大废旧金属的销量，又能避开税负，一些废旧回收企业开始了新一轮虚开专票，造成国家税收流失加大。同时，不能取得发票的废旧钢铁实际上低价进入市场，也扰乱了市场秩序，使大型钢厂也受到影响。

5. 受内外政策和形势影响，外贸出口困难重重。国务院办公厅《生产者责任延伸制度推行方案的通知》提出，到 2020 年，重点品种的废弃产品规范回收与循环利用率平均达到 40%，为产业发展提供了更好的政策环境。环境保护部联合发展和改革委等五部委印发通知，从 2017 年 8 月起到年底，将联合开展对电子废物、废轮胎、废塑料、废旧衣服、废家电拆解等再生利用行业的清理整顿。

再生资源回收利用体系的建设和持续发展，利在当代、功在千秋、造福人类。从源头做到废弃物减量化、资源化和无害化，实现物资回收再利用，获得物资回收在经济和环境效益的和谐统一，建立现代回收利用体系，具有重要现实意义。

二、建议

1. 制定分类税收政策，引导行业有序竞争。参考现行农产品核定扣除办法，采取投入产出法或成本法核定可抵扣的进项税额。采取“关停并转”等方式淘汰落后产能，对个体收购户、回收企业、用废企业制定不同的优惠政策，对从事废旧物资收购的个人，免征增值税和个人所得税，保障低收入者的基本生活来源。

在再生资源循环利用的增值税优惠目录中，应增加“生活废弃物、工业边角余料”等内容，同时加强增值税监管。建议给予废旧家电回收企业增值税即征即退 50% 和所得税返还。

2. 形成全社会的治理机制。普遍建立再生资源回收利用领域的生产者责任延伸制度，落实生产、流通、消费各环节对废弃产品的回收利用责任，分担回收处理成本，使其成为全社会的责任，提高再生资源回收率，改变行业亏损现象。

3. 加大行业规范投资引导。产业园区、加工基地和大型货场是行业发展的方向，国家可通过财政专项资金、PPP 模式、引入风投等方式，对这些项目进行扶持，引导行业走集约化、规模化的发展之路。

第五节 防范借“招商”投机套利 打击“虚开”保护改革成果

2016 年 4 月 28 日，国家税务总局、公安部、海关总署、中国人民银行四部门在武汉联合召开全国打击骗取出口退税和虚开增值税专用发票工作部署会议，围绕“打骗打虚”工作提出了具体要求和安排。然而“打骗打虚”工作延续至今，相关案件依然呈上升趋势，虽然打击力度不断加大，高发势头尚未得到有效遏制。

一、存在的问题

1. 虚开专票涉案金额上升，手段升级，多地频发。2016 年到 2017 年单笔涉案金额翻倍增长，虚开犯罪愈演愈烈，呈现出“多发高发”；虚开金额越来越大、涉案企业越来越多、涉案地域越来越广；作案主要手段向“票货分离”“变票”等手法转变；集团化、信息化、职业化、跨区域趋势明显；虚开源头由沿海地区向内陆地区转移。不仅给国家造成了大量的税收流失和经济损失，已破坏了我国税收管理体制和我国市场经济健康的经营环境，影响了税收秩序，对我国相关税收法律尊严提出了挑战。

2. 虚开发票公司“打一枪换一个地方”，增加了追查难度。

市场上存在专业开具发票的“中介公司”或“中介人”。他们利用各地的优化政策，注册公司后，即向税务机关领取增值税专用发票，并为虚假“客户”代开发票并收取手续费，完成开票交易后马上注销公司。

犯罪分子反侦查意识普遍较强，案件发现难，在不同地区注册或者控制多个企业，操纵“产业链”实施虚开，其中一个环节出了问题，立即注销该环节上下游企业，断开链条躲避追查，加大了公安、税务机关跟进证据链破案的难度。例如，山东虚开发票涉案的505户企业中，已注销332户，走逃68户。

3. “招商引资”区域虚开案件多发高发[16]。利用不同地区税收优惠的差异，目前虚开增值税发票有从发达地区流向欠发达地区的趋势。欠发达地区地方政府为了促进本地经济发展，完成经济指标，过多地考虑投资环境，积极建立产业园招商引资，出台了一些力度较大的优惠政策，降低招商条件，特别是一些偏远地区、经济欠发达地区。如江西、河南、河北、湖南、宁夏、贵州、吉林、辽宁等地均发现类似问题。

根据财税〔2011〕112号规定，2010年至2020年，对喀什、霍尔果斯等地经济开发区内新办的重点鼓励发展产业目录范围内的企业，给予自取得第一笔生产经营收入所属纳税年度起企业所得税五年免征优惠。全面“营改增”后，部分企业在上述符合条件的喀什、霍尔果斯等地注册壳公司转移收入，容易被偷逃税投机者利用。

4. 小微企业税收优惠政策被投机利用。目前，涉案虚开增值税发票的企业大多为小型商贸企业、农副产品收购加工企业、成品油经销企业、建筑材料生产销售企业和矿产品生产经销企业等，很大部分是注册资本在50万元以下的小微企业、家庭作坊或者个体工商户，这些企业业务量小、利润微薄、抗风险能力低、企业制度建设不完备。这些企业是国家税收优惠政策的重点扶持对象，涉案虚开增值税发票的比例也不低。

二、原因分析

追查虚开增值税发票企业的现金流，是破案的重点。但犯罪分子大量采用非现金交易和线下票据交易，有时一笔交易经过票据几十次背书，要查清一个虚开环节的资金流，需要花费大量人力物力追查多家银行网点；而犯罪分子往往选择偏僻的银行网点承兑背书，这些网点为了开拓业务，并不积极配合破案，导致破案难度增加。

（一）销售终端难以控制，“以票控税”无法形成闭环

“以票控税”的税收征管体制，受到实际交易“销售和采购”两方面的限制。一是销售端，如出口货物，境外应税劳务，免税项目、非应税劳务，无形资产和不动产转让都不缴纳销项税。而最终消费者、最终环节的非增值税一般纳税人消费者都不会索要发票。这两个环节使增值税专用发票的开具范围受到限制，控税难以形成闭环，使一些不法分子有了“虚开虚抵”的空子可钻。

1. 销售方（开票方）虚开根源分析。销售方为开票方，其享有税收优惠政策，如前述的农产品收购者、即征即退企业、各类财政补贴企业，有不申报或虚假申报的机会和动机，是虚开的根源。如果有些终端客户和小规模纳税企业不需要发票，企业就将这部分收入（俗称票源）开具专票给其他一般纳税人，并收取手续费，获得额外收益，而使国家税收流失。

2. 购买方虚开增值税专票分析。增值税抵扣发票中，包括专票、农产品收购发票、海关专票、运费专票等有优惠政策的发票环节，尤其是农产品收购发票和运费发票等成为抵税链条熔断

的大漏洞，如虚构农产品收购业务、虚拟农产品生产者身份、虚拟交易价格等，都是违法者惯于利用的方式。

农产品“自开自抵”“上环节免税、下环节抵扣”打破了增值税全抵扣链条，加之税务机关难以核实农产品交易价格和损耗，一些企业虚开自抵，同时也为他人虚开，导致税款流失，给国家造成损失。软件企业利用超3%税负返还政策，也给一些企业虚开提供了机会。

一些存有较多进项抵扣税额的企业，如果自己短时间内没有销项进行抵扣，又无法从税务局退回，变现的最快方式就是对外虚开。因为这些进项抵扣税额不仅占用企业大量资金，而且资金成本较高，增加企业的资金成本。

（二）增值税税收优惠政策将税负传导给下游企业，增加了下游企业的隐形税负

我国当前将营业税优惠政策全部转为增值税优惠政策，尤其是中间环节产业优惠政策，无异于是一种熔断机制，导致税负不正常传导转嫁，增加了部分企业税负，企业选择虚开扩大规模或分拆不开票偷税，税收政策的行业规范和引导作用被扭曲和变形，对产业优化和结构调整起到反促进作用。以不锈钢产业为例，财税〔2015〕78号文将税收环节变更为不锈钢生产加工企业，但由于废旧物资回收企业很难取得进项发票，要么选择不开票低价交易，要么选择虚开专票抵扣来规避税负。

（三）纳税人法律遵从成本过大

随社会经济环境发生了天翻地覆的变化，法律制定环境变化较大，有关规定没有及时修订，滞后于现实，纳税人遵从成本加大，而违法处罚成本没有相应增加。企业就会甘愿冒违法的风险。因此，堵住虚开专票漏洞，完善税制，才能引导企业提升创新能力，优化产业结构，走健康发展道路。

三、建议

1. 加快增值税立法，完善抵扣和征管政策。应尽快梳理增值税税收优惠政策，其中很多政策属于产业链中段优惠政策，修复增值税抵扣链上的熔断点，维护产业链的税收公平，避免税负转嫁机制的负面作用，充分发挥市场机制的调节作用，打破虚开增值税发票稽查瓶颈，建立健全打击虚开增值税发票的协查机制。

2. 建立国家信用体系，提升依法纳税的税收遵从度。当前行业内与行业间的税负不均衡，过重的税收负担打击了企业纳税遵从的积极性。而提升纳税遵从度除了完善税制，还需要社会建立良好的信用体系，使纳税人自觉纳税，降低税收征管成本，提升整个市场机制的运行效率。

3. 公平降低税负，急需完善虚开增值税发票的量刑相关法律。当前产生虚开增值税发票的根源比较复杂，有一些税收政策的漏洞，也有某些行业税负过高、征管原因程序不合理造成的企业经营困难。对背离企业正常业务形成的虚开，应分清问题实质，特别是对重大虚开案件，应与时俱进调整相关法律，使其起到打击犯罪，促进经济健康发展的积极作用。

第六节　严惩虚开增值税发票行为　完善相关法律制度

我国经济高速发展的同时，伴随而来的虚开增值税专用发票行为屡有发生，尽管国家机构出台了相关政策进行双向严惩，此类问题还是呈现高发态势。对这种现象进行深入分析，发现在增值税相关规定与企业经常性经营行为之间，存在“两难抉择”，对“营改增”实际效应的发挥起到了一些抑制作用。相关治理政策成为当前各界关注的热点。

一、严惩虚开增值税发票行为的必要性

随着“营改增”全面实施，虚开或者故意接受虚开增值税专用发票，以及虚开用于骗取出口退税、抵扣税款的其他发票的行为，涉案金额更大，影响法制化进程，不仅侵害国家利益，还破坏了市场公平竞争，应当严惩。

二、应关注“量刑过重”可能会对“营改增”实际效应产生抵减作用

“营改增”后，小规模纳税人减税效应十分明显，对促进实践中小规模纳税人发展起到非常积极的作用。但是，由于小规模纳税人不能自己开具增值税专用发票，在市场中的竞争力就比一般纳税人差，企业难以扩大规模做强。一些小规模纳税人为了生存发展，在经营过程中委托他人为自己代开增值税专用发票，好像已经是约定俗成的惯例，因为本身业务是真实的，只是因为发票抵扣率无法与其他一般纳税人同等竞争，而选择请其他人代开。虽然企业进行了实际经营活动，事实上企业并没有犯罪行为，也没有给国家造成税收流失，但符合虚开发票的客观行为要件之一，而触犯了法律，不自觉走上了犯罪的道路。当前税务执法机关强制“三流合一”，小规模纳税人在为一般纳税人提供服务的抵扣环节上，出现了法律障碍：自己开票接不到订单，请他人代开触犯法律，这种两难处境妨碍了小规模纳税人的正常生产经营，也在实践中违背了税法公平原则。

以农产品流通为例，农产品经营者管理水平低，财务核算不规范，大多数规模较小，不具备申请一般纳税人条件。从盈利能

力看，除了在流通过程中，除了收购环节外，其他环境受规模化经营条件的限制，大多数经营户达不到申请一般纳税人的规模，且生鲜产品流转速度快损耗严重，管理力求简单方便，加之利润微薄，导致“三流合一”十分困难。大量的农户处于不知法犯法的境况，对于流转速度快产品质量不易保障的生鲜产业，流程规定，一些刻板的流程，执行起来基本不具有可操作性，也影响了税收制度的权威性。

三、不当量刑可能会对正常经济行为造成打击，阻碍实体经济发展

当前互联网成为拉动经济发展的引擎，其发展受物流发展的严重制约，而物流成本高企是目前互联网发展的瓶颈之一；同时物流成本是企业经营成本的重要部分，有时占的比例还很高。在商业优化模式中，中间商或代理商为节约物流成本，会将货物直接从上家供货方运输到下家购货方，减少中间中转环节，这本是真实有效的商业交易行为，但却与“三流合一”的规定相违背。在增值税查收中不符合“三流合一”的商业行为，被认定为虚开增值税。企业经营过程中，三方抵账、结账，总公司统一付款的情形非常多见，因数量众多，税务机关基本不具备严格查收的可操作性，且查处成本过高。由于“虚开增值税发票罪”惩处严格，打击面广泛，入罪金额低，使正常的商业行为也将面临变成违法行为受到重刑打击的。

四、虚开增值税专用发票犯罪治理的“与时俱进”

1. 量刑过重。当前立法中相关司法解释规定是 20 世纪 90 年代的规定，20 多年里经济飞速发展，物价水平和经济发展水平已不可同日而语，原法律规定的数额作为现在的量刑标准，显

得量刑标准过低，会导致司法中“虚开数额少入罪快、量刑过重、虚开数额多刑罚封顶早”等结果产生。

如“偷税罪”可判处三到七年有期徒刑，而“虚开增值税专用发票罪”可判处十年有期徒刑与无期徒刑，远远高于偷税罪规定的量刑。这对于上述小规模纳税人不得已而为之的“三流不一”，受到的处罚显然过于沉重了。

2. 定罪标准不明确，可操作性不强。以虚开 100 万元增值税发票为例，与虚开 500 万元判处的刑罚很可能相同，因而犯罪分子可能选择高额虚开，导致虚开数额大得惊人，而高开未必面临更重的处罚。

《刑法》（1997）为增强司法的灵活性，用概括性犯罪数额模式，虚开定罪标准为：“数额较大或者有其他严重情节、数额巨大或者有其他特别严重情节”，由于中国地域辽阔，东西中部经济发展水平差异较大，各地理解数额差异也较大，缺乏明确性，难以准确定罪量刑，难以保证司法公平公正。

3. 由于法律环境的巨大变化，纳税人法律遵从成本过高。由于法律制定环境变化较大，没有及时修订，使有关规定严重滞后于现实，造成纳税人遵从成本巨大，遵从成本过大如果造成企业不能盈利，企业就会铤而走险，甘愿冒违法的风险。

五、建议

1. 完善虚开增值税专用发票罪的立法。我国的财税体制改革过程中，应注意相关配套法律的修订和完善。在不侵害国家税权的前提下，立足国情和促进经济发展的目标，尊重交易主体的私法自治，进行相关立法的完善。目前相关增值税的法律规定应及时梳理和完善，以更好地促进“营改增”积极效应的释放。

2. “与时俱进”，根据国民经济发展水平尽快出台配套解释。由于我国经济发展区域不平衡，相关法律尚不完善的情况下，应根据经济发展状况，给不同地区司法机关司法解释权，及时出台配套司法解释，统一执行规范，促进各地区经济平衡发展。如统一虚开增值税专用发票犯罪数额的认定标准，制定统一的、标准的认定方法，并根据经济发展状况及时予以调整。

3. 推进相关虚开增值税专用发票犯罪的界定和解释。虚开增值税专用发票的原因比较复杂，除对故意犯罪明显的行为予以重处外，对非被动违法的行为应具体分析，应让纳税人能够享受减税政策所形成的经济效应，同时避免违法陷阱。应使增值税的税法模式更加灵活和适应我国市场经济发展的需要，合理划分纳税主体，以免损伤中小企业的积极性。

同时法律修订和完善，应充分考虑法律的适应性。尤其应充分吸收纳税遵从人的意见，测算纳税遵从成本，和执行的可操作性，以使相关税制改革的积极效应得以实现，真正起到促进经济发展的作用。

第七节　打虚治理专项行动　精准优化营商环境

北京市公安局海淀分局通报过一起特大虚开增值税发票案，涉案金额高达 30 多亿元，致使国家流失税额达 5 亿余元。近年来，虚开增值税发票案呈现多发高发、虚开金额越来越大、涉案企业越来越多等特点，“高发”之下如何“高压”？在我国市场经济交易活动中，虚开增值税专用发票的行为屡禁不止，一直呈高发态势，严重侵害了市场经济中的税务管理秩序，而且不利于社会转型期我国市场经济的发展，应对此从严治理，但在增值税发票虚开量刑上有一些问题，应该引起立法部门的注意：

一、现状

1. 不当量刑可能会对正常经济行为造成严重打击，抑制实体经济发展。物流成本高企是目前我国经济发展的瓶颈之一，这个企业运转的成本之一，有时占有的比例还很高。中间商或代理商为节约物流成本，会将货物直接从上家供货方运输到下家购货方，减少中间中转环节，这是普通的商业优化模式，更是真实有效的商业交易行为。但在增值税查收中却以“三流合一”为由，认定为虚开增值税，这势必对经济发展造成打击。企业不仅难以盈利，而且正常的商业行为变成了违法行为。实务中，三方抵账、结账，总公司统一付款的情形非常多见，税务机关如果严格查收，因数量众多基本不具备可操作性，而对真正的虚开查收由税务机关解释，纳税人将会完全被动。

2. 小规模纳税人的正常商业行为，可能会落入犯罪的境地。1995 年 10 月 30 日第八届全国人民代表大会常务委员会第十六次会议通过的《关于惩治虚开、伪造和非法出售增值税专用发票犯罪的决定》（以下简称《决定》）提出“虚开增值税专用发票罪”，规定“进行了实际经营活动，但让他人为自己代开增值税专用发票，按照虚开增值税专用发票罪定罪处罚”。

实践中小规模纳税人企业不能自己开具增值税专用发票，相比一般纳税人在市场竞争力受到很大影响。一些小规模纳税人便会委托他人为自己如实代开增值税专用发票，这就刚好满足了《决定》及最高人民法院于 1997 年 10 月 17 日颁布实施《关于适用〈全国人民代表大会常务委员会关于惩治虚开、伪造和非法出售增值税专用发票犯罪的决定〉的若干问题的解释》规定的，虽进行了实际经营活动，但让他人为自己如实代开的客观行为要件之一，而走上了犯罪的道路。而事实上企业并没有犯罪行为，也没有给国家造成税收流失。当前强制“三流合一”的做法妨碍了小规模纳税人的正常生产经营，违背了税法公平原则。

3. 虚开增值税专用发票罪的相关司法解释落后，《刑法》相关立法不明确、法定刑过重、忽视主观罪过、罚金数额低。当前立法中相关司法解释规定是20多年前的规定，20年间的经济飞速发展，使原数额规定已经不适应现实的情况，导致了司法中量刑过重，虚开数额少，入罪快；虚开数额多，刑罚封顶早等现象。如虚开100万元与虚开500万元判处的刑罚很可能相同，反而使犯罪分子虚开数额大得惊人。

二、建议

1. 完善虚开增值税专用发票罪的立法。虚开增值税专用发票有一定的历史原因、社会原因，不宜由行为人承担全部的责任。从经济学的原理分析这种犯罪现象，逃税实际上可以看成是一国社会经济税负的减轻，其经济效应相当于减税政策所形成的经济效应。从根本上研究规制发票犯罪的治本之策才能有效规制此类犯罪现象，要将刑事立法的原因的触角延伸到虚开增值税专用发票行为的根源。可以看到，增值税的税法模式，对纳税主体的划分和规定不合理，导致了不公平税负，也会损伤中小企业的积极性。

2. 强化社会治理机制。国家的政策制定需要综合考虑各方面的关系，税收法律与其他法律之间的协调统一。特殊行业应解决行业发展中的困难，优化营商环节，减少虚开增值税专用发票行为的土壤，使自觉守法成为社会公民的普遍意识。

3. 加大新技术惩治和提升税收征管服务水平。随着互联网技术发展，税收治理的手段和水平不断提高。提升税收征管和稽查的能力和水平，运用大数据分析企业痛点，及时加以疏导和解决，并对犯罪行为给予严厉惩处，都有助于企业主动守法。税收营商环节的改善与纳税人纳税遵从意识同步提高。

规范“过渡与创新”税收政策 营造可预期的营商环境

营业税改征增值税试点，始于 2012 年 1 月 1 日，率先在上海交通运输业和部分现代服务业进行；随后试点的地区和行业范围逐步扩大，从中央部委、地方财税部门到各个行业，这项重大税制改革在全国迅速、有力推进。2016 年 5 月 1 日，在全国范围内全面推开：“所有营业税纳税人都改为缴纳增值税”。国务院总理李克强在 2016 年“两会”上作《政府工作报告》，庄严宣告：从 5 月 1 日起全面实施“营改增”，将试点范围扩大到建筑业、房地产业、金融业和生活服务业，并将所有企业新增不动产所含增值税纳入抵扣范围，确保所有行业税负只减不增。国税局各级部门和企业财务报税人员，全力以赴落实“营改增”工作。但因政策涉及产业链长、地域广，情况复杂，在全面推广后，建筑业、环保业和金融业等税负上升。

本章内容对“营改增”全面铺开后的普遍性问题，从政策层面进行了分析，对增值税政策的完善措施，提出了及时有效的建议。一些建议意见转化为有关税收管理部门的政策出台，为推进增值税政策的全面落实，完善施行的细则，提供了参考。

第一节　完善“营改增”政策，支持融资租赁业创新

2016 年 8 月 1 日，“营改增”试点在全国范围内推广。由于对金融租赁业影响较大，融资租赁行业业内一些普遍性问题逐渐暴露。

一、存在的问题

1. 融资租赁利息等不能抵扣，许多企业放弃了融资租赁方式购买生产设备时，转而采取向银行直接融资购买设备的做法，这对正在发展中的融资租赁行业无疑是致命打击。

租赁融资行业是仅次于银行信贷的第二大融资方式，是推动中国经济转型升级的重要力量。但是，有些地区对金融租赁业的行业定位不是很明确，税收政策扶持不够，导致产业发展遭遇了瓶颈，如不同地区对融资租赁政策呈现出不同版本的解读；融资租赁业务的实际税负计算，在各地也有不同的操作方式。融资租赁利息支出，按“营改增”政策不能抵扣，加大了融资租赁的税负，融资租赁增值税税基成倍扩大；3% 即征即退政策无法兑现等问题，都对行业发展产生了较大影响。

2. 由于融资租赁业务的特殊性，进项抵扣难以达到抵扣标

准。发票难以收取，资金流、票据流、物流难以一致，增值税发票开取方式等问题的存在，迫使一些企业改变业务模式，增加了业务风险，甚至造成租赁企业很多业务无法开展，长此以往，将会给融资租赁业的发展蒙上阴影。

3. 售后回租业务的本金纳入销售额征税，税率大幅度提高对融资租赁业影响巨大[17]。售后回租方式占融资租赁业务的大部分，按照13号公告的规定，在售后回租模式中，承租企业在向融资租赁企业出售资产时不缴纳增值税，因此，承租企业无法给融资租赁企业开具增值税专用发票。这样融资租赁企业在向承租企业每期收取租金的时候，就会出现没有进项税可以抵扣的局面，导致其实际缴纳的增值税非常多，实际税负接近17%。

4. 行业协会和有关专家的建议与有关财税试点政策冲突。行业协会建议，将有形动产租赁服务定为金融业，按照3%的税率实行简易征收。对有形动产租赁服务，分解为有形动产和租金两个部分，有形动产价款部分，税率为17%；租息部分按服务业征收，税率为6%。出租人开具增值税专用发票，承租人可以抵扣。对有形动产售后回租服务，实行差别征税。有形动产价款部分，按零税率或免税计征；租息部分，按6%税率计征。出租人开具增值税专用发票，承租人可以抵扣。

这些提法不妥之处在于与《财政部 国家税务总局关于在上海市开展交通运输业和部分现代服务业营业税改征增值税试点的通知》（财税〔2011〕111号，以下简称“111号文件”）的基本规定相冲突。111号文件第三十三条规定，销售额是指纳税人提供应税服务取得的全部价款和价外费用。因此，融资租赁收取的租金不能区分为本金和利息；其合情合理之处在于，这种方式更接近售后回租业务的本来面目，也能体现出增值税抵扣的基本原则。

二、政策分析

环保型新经济和新技术经济的发展及老龄化社会的到来，需要大量的融资租赁和经营性租赁业务助推实现。租赁产业成为不可或缺的产业。社会技术和创新进步，需要为租赁行业发展创造调节。应根据融资租赁行业的特殊性，制定具体的“营改增”政策，保证行业的健康发展。

资源节约和环境友好下的城乡一体化发展，为环保设备、资源节约设备、食品安全设备、农村和农业发展装备等有巨大的发展空间，交通工具的经营性租赁前景良好。工业、农业及各种服务业，智能自动化装备替代人工成为趋势。同时，养老服务产业市场巨大，会计、法律、物流等服务业自动化设备需求旺盛，大数据网络社会，智能网络的投资成为持续热点。智能自动化装备成为租赁的主要标的，服务老年产业的众多设施也更适合租赁业发展。

创新驱动发展下，创意者公司以轻资产经营为主，通过向租赁公司等重资产管理公司租赁来实现创意。这种分工使整个社会的创新和创业变得简单顺畅。老龄化社会导致劳动力用工供给减少，劳动力用工成本增加，自动化装备将成为主流，增值税政策应相应扶持。

三、建议

1. 售后回租业务不应作为设备购买行为征收增值税。从税收角度来说，售后回租是一笔以融资标的物为抵押物的抵押贷款。既然承租企业的资产并没有实质出售给融资租赁企业，其支付租金便谈不上有购买资产的行为。因此，承租企业就不能再对标的物作进项税抵扣。利息部分是承租企业实际付出的经济利益，对这部分应该准许其抵扣进项税金。从这个角度来说，利息开发票，本金开收据是合理的，应在税收政策中允许。此举无论对于承租人、出租人，还是对于国家财政，都是公平的，哪一方都没有额外地占便宜。

2. 对3%即征即退的政策，分采用是租息或者息差（租息减去财务利息支出）计算税款，而非当期提供应税服务取得的全部价款和价外费用。可以像国家税务总局《关于印发〈金融保险业营业税申报管理办法〉的通知》（国税发2002年9号）规定的那样：“贷款业务以利息收入为营业额”，从政策上来说这个问题就解决了。

3. 出租方应该全额开票，但会计就租赁物价值部分确认主营业务收入和主营业务成本，两者相等。

（1）融资租赁业务是凭票抵扣进项税额的，如果出租方已凭其从租赁物转让方取得的增值税专用发票抵扣了进项税额，却按照不含有租赁物价值的金额开具增值税销项税发票，那出租方永远也交不了增值税，因为利息收入不管多高，也不可能比本金还高，这是不配比的。

（2）所得税对融资租赁的租赁物价值也是有计税基础要求的，如果该租赁物最终都没有法定的票据来证明其价值，那它的计税基础也是很难确认的。我们可以对会计准则做个小小的变通，将租赁物价值借记主营业务成本、贷记主营业务收入，从而解决了会计明细账与增值税纳税申报表不一致的问题。

4. 出租方本金一次开票纳税、利息按收款进度开票纳税。上海的做法，是相当好的一种方法。首先，一次全额开票对出租方绝对不是一种公允的好方法。因为所得税法上允许按照权责发生制确认收入的，营业税也允许在收到预收款时纳税，增值税也是这样，所以纳税人分次开票不违反纳税义务时间的规定。其次，会计准则是按照付款进度，逐步将未确认融资费用转入主营业务收入的，税法上也要与其同步，从而保证增值税纳税申报表数据与会计明细账一致。最后，如果出租方在没有全额收到承租方的租金情况下就全额开票缴税，将会是一个不小的负担。

第二节　推进"营改增"试点政策细则化解物业费代收难题

自 2016 年 5 月 1 日全面推开"营改增"试点范围以来，"物业公司代收水费"业务在政策执行过程中，开票主体与纳税主体不一致，导致物业企业税负增加。

一、企业在操作中普遍和突出的问题，需要出台操作细则加以解决

1. "营改增"后物业代收费业务征收基数需要统一。物业公司代收水电费、暖气费，缴纳营业税时实行差额征税，代开普通发票，而"营改增"试点政策中并未延续差额征税政策，各地执行标准与操作不一致，税务机关对代收费业务的认定不统一：一是税务机关认定物业公司若以自己名义为客户开具发票，属于转售行为，应该按发票金额缴纳增值税；二是税务机关认定物业公司代收水电费、暖气费等，暂按代购业务的原则掌握，具备一定条件的，暂不征收增值税。

河北冀国税函〔2013〕161 号规定，水（电）转售方为增值税纳税人的，企业应向其索取增值税发票，作为水（电）费税前扣除的凭据；水（电）转售方为非增值税纳税人的，企业可凭物业公司提供的水（电）费原始分割单作为水（电）费税

前扣除的凭据，没有物业管理的，可凭与房屋出租人签订的房屋租赁合同、交纳的水（电）费凭证及共用水电各方盖章（或签字）确认的水电分割单作为税前扣除凭据。

江苏省苏地税规〔2011〕13 号第三章第二十八条的规定，企业的水电费由物业公司代收且无法单独取得发票的，凭物业公司出具的水电费使用记录证明、水电部门开具的水电发票的复印件、付款单据等作为税前扣除凭证。物业公司应做好水电费收取记录，以备核查。

《海南省国家税务局关于物业管理公司销售水、电增值税有关问题的公告》等有关规定，物业企业收取水电费的行为，可以有以下两种情况区分对待：物业管理公司销售水、电行为和物业管理公司代收水、电行为。

2. 银行代收费取消发票，物业公司不能抵扣会增加税负。目前很多银行从 7 月份起，代收费业务不再提供发票；商业小区物业公司在代收水费的同时还要倒贴一笔税费。供电、供热开具 17% 的增值税发票，全部金额可以抵扣，但代收水费还赔钱的问题无法解决。

如果为业主开发票，物业就必须自行承担增值税。以水费为例：物业公司代收的水费分为几部分，包括水费 4. 2 元/吨、水资源费 2. 3 元/吨、污水处理费 3 元/吨，合计每吨 9. 5 元；以发票形式按 9. 5 元/吨全额开具专用发票。而向自来水公司交费时，只有 4. 2 元/吨的水费可以获得增值税发票，另外两项收费是以财政票据的形式开具。这样进销项无法平衡，税负不合理。如有的工业园区物业公司每月收的水费有一二十万元，一个月要倒贴几千元的税，企业难以承受。

一些科技工业物业公司，负责园区内大量工业、商业、科研等业主的服务，由于供水、供电公司并不针对入驻的每个业主收费开票，由物业入户查表代收费且按照有关规定不能擅自加价。大多数物业企业代收的水电费收入基本都比物业服务收入本身还高得多，如果将代收水电费的收入算入物业营业收入，导致物业企业营业年收入达到500万元以上，则营业收入增值税税率将由3%上升到6%。物业企业无法承担这种负担，最终的结果将是物业企业亏损，撤出小区。而物业公司代收水费，按照3%的税率给商户开具增值税税票，商户无法抵扣，使得双方都蒙受损失。

3. “营改增”开票规定，在物业公司执行的现实困难。如果不给业主开发票，那么物业企业将涉嫌逃税漏税而面临税务部门的处罚。而增值税相关的处罚涉及《刑法》，处罚是比较重的，物业企业难以承受。虽然抄表到户看似可以解决这个问题。但从实际情况来公司看，抄表到户，不仅供水设备费用及水表安装改造费用的支出数额较大，同时还可能涉及产权等问题，短期内难以完成。

二、建议

1. 有关部门尽快出台针对此项业务的统一政策；认定代收费业务非转售业务，不征增值税，免去企业“莫须有”的违规风险。

2. 允许物业代收费开具收费凭据，若业主需要发票可凭缴费通知和收费凭据到水务等部门打印，水务等部门应主动制定衔接和服务的具体措施，以保证“营改增”政策落实到终端客户，而不应让物业公司和终端客户花费大量人力和精力，四处奔波协调。

3. 应恢复银行代收费开票业务，促使税务部门、银行与水务等部门签订相关协议，落实银行代收费发票开具问题，免除广大纳税人的制度执行成本，使“营改增”政策顺利落实。

以上问题较为普遍，希望税务机关与相关部门协商，落实解决措施。

第三节 “降低股市交易成本”，完善政策

一、存在的问题

上市公司现金分红金额越大，投资者损失越大。最近几年，上市公司现金分红，投资者都需要缴纳10%的红利税。从2013年1月1日起，红利税又改成差异化征收。按10%的征收比例来计算，股价10元，分红方案为每股派发现金0.50元，经过除息处理，股价变成9.50元，红利扣除10%的红利税，即每股0.05元，投资者每股实收分红现金0.45元。如果改为每股派发现金1.00元，则投资者每股亏损0.10元。

以普通投资者的持股比例30%计，在上市公司总计1.8万亿元的现金分红中，普通股东收到的现金分红不超过0.54万亿元，加上“印花税”、交易佣金等，合计交易成本甚至超过了红利。1990年至2010年，A股累计股票交易佣金总额为4000多亿元，A股市场证券交易的印花税总额约6000亿元。近21年的A股市场，普通投资者的交易成本达1万亿元左右。花费4.3万亿元真金白银参与上市公司融资活动的普通股东，所获得的分红额不超过0.54万亿元，即21年来普通投资者的现金分红总额占融资总额的比率不足13%。如果按照现在并不高的3.5%的一年期存款利率以复利计算，21年之中的储蓄回报高达105.9%。

二、原因分析

1. 现金分红是上市公司给予投资者的回报。但是，根据目前的分红政策，现金分红对投资者回报的是一种损失，现金分红的金额越大，投资者的损失就越大。导致这种尴尬局面出现的原因是红利税的征收。

内地 A 股市场的红利税，没有起到鼓励上市公司现金分红的作用，上市公司不分红比分红更有利于保护投资者。这个政策的结果，在一定程度上导致了上市公司只圈钱不回报，重融资轻回报，扭曲股市制度，导致市场炒作风气盛行，普通投资者被绞杀，制约了中国资本市场健康发展。

2. 内地有因持股时间加长而导致的累退红利税，香港没有这项税收。2014 年 4 月 10 日，内地的证监会和香港证监会发布联合公告，沪港通正式启动。根据总体进度安排，沪港通技术系统准备工作计划分别于 8 月底、9 月中旬进行两次全网测试。沪港通，就是实际意义上的“A 股港股化”和“港股 A 股化”。但在税收政策上，内地和香港市场红利税不一致。内地有因持股时间加长而导致的累退红利税：持股超过 1 年的，税负为 5%，税负比政策实施前降低一半；持股 1 个月至 1 年的，税负为 10%，与政策实施前维持不变；持股 1 个月以内的，税负为 20%。香港股市则没有这项税收。

三、建议

1. 以沪港通的启动，优化股市税收，降低交易成本，使其成为中国股市改革重要契机。减税是成为提振股市信心的重要手段。

一系列准备活动正在紧锣密鼓地进行。近期将陆续发布沪港通配套规则，其中包括需要尽快明确沪港通个人现金红利的有关税收政策，鼓励投资者积极性。

2. 为提振 A 股市场，建议对持股一年以上投资者取消红利税，对接香港股市的红利制度。港股的综合交易成本目前略低于 A 股，主要包括经纪佣金、政府收费、交易征费等，虽然港股现金分红不需要扣税，但上市公司分红派息时，股票托管的证券行和银行也会按比例收取少量的手续费。

3. 建议清理资本市场相关税收政策，鼓励企业增加收入分配，而不是炒作股价，以促进股票市场健康发展。

第四节　“建筑服务资质取消”加强信用管理降低税收风险

2016 年 4 月份，住建部开展建筑劳务用工制度改革试点，取消劳务资质办理和资质准入。2018 年全国范围内将全部实行“取消建筑施工劳务资质审批”，今后施工企业可以直接与劳务人员签订劳动合同。这项举措将促进建筑业农民工向技术工人转型，为建筑业发展和新型城镇化建设提供有力支撑，但也伴随着一些问题需要注意。

一、存在的问题

1. 带来的虚开增值税风险。应引起其他建筑业、房地产业（包括其他发包方企业）带来的税收风险问题。建筑劳务企业取消资质后，只要持有营业执照劳务作业企业或个体工商户都可以承接劳务分包业务，代开发票，为虚开增值税发票提供了便利。由于商品交易需要核实“三流合一”，虚开增值税发票尚有限制。而建筑劳务在取消资质限制后，建筑劳务作业企业、含有建筑劳务项目的增值税专用发票，很有可能成为虚开发票的“新灾区”。

据国家统计局发布的2017年国民经济数据，全国建筑业总产值是213954亿元（超过21万亿元），同比增长10.5%。按建筑业人工费约占总产值的10%（一般是10%—18%）计算，建筑业人工费将达到2.1万亿元以上，按最低的3%普通增值税计算，税款也将达到630亿元；如果按一般纳税人和小规模纳税人各占50%计算，应纳增值税达到1000多亿元。

2. 企业资质下降，行业管理水平受到影响，税收治理成本和风险加大。随着建筑劳务资质取消，以劳务班组或有一定技能组长成立的专业公司或注册个体工商户的新型市场主体出现。这些市场主体规模小，业务分散，以劳务为主。劳务开票市场人数众多，开票工作量大。由于建筑劳务没有物流产品信息可以进行比对核实，加之劳务人员身份证件管理比较扩大风险。如果虚开增值税发票等金额小，数量多，范围广，将影响市场经济规范发展，同时导致税收治理成本增高，而治理效果差。以往买卖身份证信息炒买股票的情况，谨防发生在增值税管理领域。

3. 建筑工人流动性大、老龄化严重、技能素质低、合法权益得不到有效保障。

二、建议

1. 在取消建筑行业劳务资质的同时，应加强行业信用资质登记管理制度。应尽快完善劳务工人实名制的信息管理系统，与“金三”系统进行协同管理。因为目前“金三”系统在税收监管方面发挥了巨大作用的同时，分散了小额劳务税收管理和稽查，在实际执法中需要巨额的行政执法成本支撑，成本支出大却难以控制执行到位。

2. 提升大数据和信息化管理水平，尽快完善增值税抵扣链条，降低企业税收负担，提升纳税人的纳税遵从意识，降低税收稽查和征管成本。

3. 设立专业作业企业资质，实行告知备案制。建立行业、企业、院校、社会力量共同参与的建筑工人职业教育培训体系，在工程造价中明确工人技能培训相关费用。

第五节　银行理财产品创新　营业税征收政策需跟进

为迎合大众财产保值增值的心理，各种名目的理财产品应运而生。截至 2010 年 12 月 20 日，2010 年仅银行理财产品的募集资金规模已达 7 万亿元人民币，相比 2009 年 4.8 万亿元的规模增长了 46%（普益财富，2011）。理财产品发展迅速，税收征管却明显滞后，各地税务机关对银行发行的理财产品征收营业税已经是一个迫在眉睫的问题。

一、现状和问题

1. “金融产品”定义不一致，各级征收部门理解差异较大，征收困难。《营业税暂行条例实施细则》没有给金融商品下一个明确的定义。股票、债券是金融商品，而股权、债权就不是金融商品。因此，金融商品应该是在公开市场有公开报价和公开交易的，而我国银行发行的大部分理财产品是不符合这个条件的，客户只能持有至到期，除非银行提前终结该理财产品。

各地税务机关简单地将银行理财产品定义为其他金融商品是有待商榷的。

“其他金融商品”的解释权应该属于财政部和国家税务总局，各地税务机关自行解释将银行理财产品归类为其他金融商品并由此来征收营业税，也是不正确的。要彻底解决银行理财产品的营业税问题，既要了解交易实质，又要准确把握我国整个金融改革的大背景，在这个背景下分析银行理财产品的营业税问题。

2. 理财产品数量暴增，发行部门多，投资者众，征纳税主体难以确定。近年来，银行发行的各种理财产品数迅猛增长，合计规模估计在万亿元以上。但是，面对企业和个人购买银行理财产品取得的收益，是否需要缴纳营业税的问题，国家税务总局层一直没有出台明确的政策。

在我国，税务机关、金融监管机构、金融机构和投资者对理财产品的税收认识一直处于一种不明确的态度。其原因主要有以下几个方面：金融理财产品的发行基本都是由银行总行发行，或总行与金融机构签订委托—代理合同再由旗下各网点对外发行，而负责具体税收征管的都是市级或市级以下的基层税务部门，这就造成发行机构、代理银行和投资者可能属于不同的地区、部门，因而造成征管主体难以确定，税收征管困难。由于金融理财产品均为银行总行发行或代理发行，具体发售银行很难知道所代理的理财产品是私募还是公募，是自营还是代理，税务机关很难确定扣缴义务人。税法未明确规定如何扣税，如果银行参照相关规定代扣税，或者银行不代扣税，都可能引发客户抗辩，或者招致税务机关的处罚。相当多的理财产品投资者认为理财收益是银行的“存款利息”，因而不会自行申报纳税。我国投资者人数众多，税务机关很难获取每个投资者的信息。

3. “个人”理财产品收益，税收征收政策复杂，操作性差。根据财税〔2009〕111号文可以享受免税；若不承担投资风险，收取固定利润，视为发生贷款行为，对收取的固定利润应按照“金融保险业”缴纳营业税；若不承担投资风险，取得保本不固定的浮动收益，可暂比照存款利息收入，不缴纳营业税；若承担投资风险，取得不固定的浮动收益，视为投资收益，不缴纳营业税。

凡是以其自身名义开设账户，买卖金融商品的，对金融机构取得的收入，按“金融保险业——金融商品转让”征收营业税；凡是以单位客户名义开设账户，买卖金融商品的，对单位客户取得的收入，按“金融保险业——金融商品转让”征收营业税。

理财产品及营业税征税政策理解不一，各地税务机关出台的规定差异很大。要么规定按收益征收营业税，要么规定暂不征收。若单位或个人购买理财产品持有至到期，算购入金融商品行为，不征收营业税；若持有至未到期，算金融商品买卖，按价差征收营业税。

二、建议

可将理财产品分为保本型和非保本型，分别进行处理。

1. 保本型理财产品营业税政策。银行发行的各种保本型理财产品，在会计上是纳入银行的表内核算的，根据银监会的相关规定，它的金额是算入银行存贷比的计算基数的。但是，从交易的实质出发，存款利率还未完全市场化，银行发行的保本型理财产品可以采用银行正常吸收存款的营业税政策，作为存款利息收益，不征收营业税，对于金融机构购买其他金融机构发行的保本型理财产品，作为同业往来，暂不征收营业税。

2. 非保本型理财产品营业税政策。非保本型理财产品，本质上是银行代客理财，实际是银行的资产管理业务。因此，在会计上是不在表内核算的，而是和信托一样，按照发行的产品单独建账在表外核算。此时银行发行非保本型理财产品取得的发行手续费、托管费、管理费等费用正常并入银行表内，作为金融经纪业务缴纳营业税。

《财政部 国家税务总局关于信贷资产证券化有关税收政策问题的通知》（财税〔2006〕5 号）实际明确过：对受托机构从其受托管理的信贷资产信托项目中取得的贷款利息收入，应全额征收营业税。因此，非保本型理财产品的大背景是资产证券化，对它的营业税问题的研究，不能眼睛只盯着终端购买方，而是按照 5 号文的规定，盯着源头，即资产证券化的开始端。

3. 关注银行资产证券化业务、同业创新等的营业税征收问题。同业创新的一个很大特点就是银行通过交易实现信贷资产出表，一家银行信贷资产出表，可能到另外一家银行就进入了同业资产，目前我国对于金融机构同业往来是暂免征税的，而此时收入从应税就变成了免税。

在对信托、券商和基金子公司相关产品政策明确之前，应暂缓对单位购买银行非保本型理财产品的营业税征收。尽快明确资产证券化和各类同业创新业务的营业税征税环节，最终出台针对银行、券商、信托和基金子公司产品统一的营业税征税政策。

4. 加强税法宣传，增强有关金融机构和投资者的纳税意识。加强部门协调，加大综合治税力度；加大稽查力度，严惩偷逃税行为。为有效解决金融理财产品发行机构、代理银行和投资人属于不同地区、部门的问题，可以由各级政府牵头组织建立银监会、监证会、金融机构、银行和税务等部门定期联席制度，明确各职能部门的权力、义务和责任，积极推行代扣代缴和源泉控管措施。贯彻国家税务总局税源专业化管理战略，促进银行代征代缴，建立个人收入档案管理制度，对一定金额以上的金融理财产品投资者进行重点监控。给代理银行发放税收代扣代缴证书，由各理财产品发售银行代扣代缴投资者理财产品收益所得税。

第六节　物流大省非税收入过高　影响增值税减税红利释放

一、存在的问题

“营改增”试点省份大型交通运输企业税收不降反升。交通物流等 7 个行业被列入首批“营改增”试点行业，并已于 2012 年在上海率先试点。从 8 月 1 日后，试点范围又扩大到北京、江苏、浙江、广东等 10 个省市。税收问题“营改增”后实际税负反增、土地使用税税率偏高、房产税税率偏高、重复纳税以及所得税统一缴纳等四方面问题。中国物流业快速发展中遭遇的瓶颈难题，以交通和税收问题最为突出。

1. 从试点看，服务行业及微小企业受益较大，对物流企业冲击最大。据报道，武汉“营改增”试点一个月，物流企业缴税翻了一番。尤其是不能享受简易征收政策的交通运输物流行业的大型企业，理论税负减少而实际税负增加，与其他未解决的问题交织困扰我国大型物流业发展，整个行业都受到政策影响，急需政府尽快出台过渡期扶持政策或行业政策。

2. 运输业税率、加油成本、外包业务都进项抵扣发票难以取得。“营改增”试点前，大型运输企业按差额的 3% 缴营业税；试点后对增值部分计缴 11% 的增值税。

根据增值税抵扣规定，道路运输业各项营运成本中，只有新购车辆、车辆维修、燃油等支出能够进行进项税抵扣；而由于运输司机在全国各地跑，90%以上是机打的小票且多数来自非定点加油站，很难取得增值税发票进行抵扣，而油料消耗占运输行业成本的40%，大部分不能抵扣。占六成以上人工费、路桥费、保险费、房屋租金等支出不属抵扣范围；外包业务以前可以进行税额抵扣的，试点后因小运输企业或个体户无法提供交通运输专用增值税发票而不能抵扣，以上因素合计不能抵扣的成本占到八成以上。

3. 相关产业链税率提升，物流企业承受能力不足。相关产业链中装卸搬运服务和货物运输服务从3%的营业税税率调整为11%的增值税税率，又使成本上升，以上各种原因造成省内交通运输企业税额普遍增幅接近翻倍，甚至三倍，微薄的利润下生存难以为继。目前的交通物流业处于一个初步发展阶段，大投入、薄回报的现状仍需要政策大力扶持，可能不具备纳税11%的能力。

武汉市东西湖区是大型运输企业比较集中的区域，该区注册的物流公司超过500家，除了小型运输企业缴税税率从5%降至3%税负减轻外，其他大型运输企业税负增加。沌口开发区20多家大型运输企业，承担了开发区100余万辆新车运输业务，受目前汽车生产萎缩、运价下调的影响，运输企业平均利润率仅为3%，“营改增”后如果没有相应政策，这些运输企业很可能出现亏损。

武汉市国税局介绍，物流运输确实面临税负增加的困难。据该局统计，首月来该行业申报缴税8260万元，平均税负达到了5.55%，较原3%的营业税税率偏高。“对整体数据进行分析，交通运输业一般纳税人平均税负偏高的主要原因，是我市4家管道运输企业基本无进项税额抵扣，首月缴税5000多万元，占整个交通运输业一般纳税人首月申报数的63.4%，税负达10.9%（该行业享受超3%税负返还政策），从而拉高了交通运输业的整体税负。另外，还有部分纳税人因各种原因没有及时抵扣，也是税负偏高的直接原因。”

二、建议

1. 加快制定各试点省份“营改增”财政补贴政策。财政部和国家税务总局并未对财政补贴这一项进行规定，需试点的八省市财政部门出台相关文件或由国务院出台统一的补贴政策。

目前上海、北京、安徽、江苏等试点地区针对交通运输行业税负增加的情况，已经出台了相应补贴政策，并为此普遍降低2013年财政收入目标。北京、天津、浙江、安徽预计2013年地方公共财政收入目标分别调整为9%、12%、8%、10%，比2012年分别下降1、3、0.5、2个百分点。广东预计将2013年地方财政一般预算收入目标从10%下调到9%。江苏、上海未传出地方财政收入下调的消息，维持2012年的目标可能性较大。

上海现在已经出台具体补贴方案，标准大致是企业税负累计超过3万元，由财政部门补贴70%，在年底再进行清算。现在从各省市公开的政策来看，几乎所有省市都提到会有“过渡性财政政策”进行配套，因此，国务院可统一制定政策，以免造成地区和行业内的实际税负不公。

2. 积极向财政部和税务总局建议扩大交通运输物流业执行简易征收政策的企业范围。

税率大幅度提升、相关财政补贴迟迟不到位、抵扣操作流程不明确等“营改增”过程中存在的问题，让物流企业头痛不已。建议国家有关主管部门，对在全国扩大税收试点中进行总结，针对物流企业劳动密集、能够抵扣的进项税额较少的特点，重新测算适用税率，设置专门的物流业税种，确定物流行业税收标准，如5%—6%的税率设置较为合适，切实降低物流业税负，这样多数企业都具备纳税能力，也会减少税源流失。

3. 尽快出台政策增加交通物流企业的抵扣项目，如过桥过路费进行进项税额核定扣除试点。财政补贴只是一个过渡政策，在未来即便“营改增”全面推开后，交通运输企业的税负仍不能有效减轻。未来只有通过增加交通运输企业的抵扣项目，如纳入过桥过路费等，才能切实减轻企业税负；同时应将物流业作为相对独立的行业税目对待，凡涉及运输、仓储、货代、快递等物流环节，均应视同综合物流业务。其应税劳务全部纳入增值税征收范围，以支持物流业一体化运作。同时，执行相同的抵扣标准，堵塞利用假发票的骗税行为。取消运输企业自开票限制，促使企业更大限度整合社会物流资源。

4. 排查道路交通不规范收费，降低物流企业运营成本。交通物流企业很大一块负担，在不规范的交通罚款上。受行业潜规则影响，类似的诸多罚款，都没有发票。应尽快对道路收费站点进行全面的排查清理，并在此基础上采取相应措施：一是立即撤销收费期限已经到期、修路资金已经收回的路段，以及非法设立的收费站点，停止其收费。二是对处于城市周边和车流量较大，以及收费期限即将到期的路段，政府可以采取回购的方式，使其回归公益性质。三是对于其他收费公路，有关部门应该加强监管，降低收费标准。四是要求路桥经营企业公开其收入和运营成本，加强社会监督。五是坚决治理“乱罚款”，特别是要杜绝“以罚代管”。要规范和压缩罚款项目，对违规者可采取其他处罚方式，如扣分、吊销驾照和营运证，禁止上路或限期淘汰车辆等措施。

第四章 减轻企业税费负担　打造低成本的营商环境

当前国内外经济形势错综复杂，为我国经济长期向好发展提供持续有力的支持，国家税务总局出台了一系列税收优惠政策，落实各项简政减税降负措施，以更好地营造稳定公平透明、可预期的税收营商环境。本章从2012年到2019年，持续关注企业税收负担重的问题，集中反映了当时实体经济反映较强烈的税收成本负担重的问题，并提出优化税收营商环境的思想，一些建议被有关部门采用，已经转化为有关部门的政策和制度。第一节内容获得2012年湖北省政协提案三等奖，第三节、第五节内容都已经被全国政协采用，获得正部级领导批示，第六、第八节内容被九三学社中央采用，其他几节内容分别被湖北省政协采用并转包转送有关部门，参政议政效果显著。

第一节　企业“营业税”税负重　盼湖北加快增值税改革

近年来我国居民收入增长速度慢于政府财政收入增长速度；居民收入在国民收入中占比逐年下降，而政府收入占比则逐年上涨；居民消费对GDP的贡献率逐年下降。在经济增速放缓情况下，企业目前成本上升和税费负担较重等已经成为企业生存面临的主要问题之一。

2011年10月份以来，我国出台的结构性减税政策多达6项以上，主要以加快转型为目的4项，以扶持小微企业、保经济稳定为目的2项。从国家宏观政策基调来看，结构性减税是助推“十二五”期间结构转型、改变经济增长方式的重要助推器。通过出台减税的积极财政政策，可以在调结构和稳增长之间找到契合点，在财力允许的条件下，突出重点、稳步减征，最终体现促进社会公平分配，减少原先不合理的重复计税，推动政府给企业让利，间接提高职工收入。

一、湖北经济法制存在的问题

（一）湖北省经济增速放缓，税收财政收入仍高速增长，企业税收负担沉重

2011年，湖北省前三季度GDP增长14.0%，增速高出全国平均水平4.6个百分点，稳居中部6省第1位，第二产业为经济较快发展主要推手。第二产业对经济增长贡献超六成，达到63.6%，拉动经济增长8.9个百分点，表明湖北省处在工业化发展进程当中，第二产业特别是工业为推动我省经济增长的主要动力。

同时全省地方财政一般预算收入增长 42.80%，超过全国平均水平 10%左右，比上海税收增长速度高 17.7%，其中税收收入增长 39.00%，占一般预算收入的比重为超过 91.12%。税收增长超过周围江西湖南 10%以上，而其中天门市以税收为主的财政收入增幅高达 49.3%，襄阳财政收增长速度高达 47.1%。

湖北省财政税收增长速度是 GDP 增长速度的 3 倍。2010 年全国税收增长速度只是全国 GDP 增长速度的 2 倍。中国税收收入增幅多年来保持在两倍于经济增速的水平，湖北更是高达 3 倍，除了受物价、进出口税收等影响，主要原因是对同一税源存在严重的重复征税。从上述指标分析看，湖北企业承受了远远高于全国平均水平的税负，严重制约了湖北经济的发展。以第二产业建筑行业为例：

1. 地方强制核定征收企业所得税，企业税负加重。湖北省对建筑企业按企业产值的 2%核定征收企业所得税（未计算附加费用），而建筑企业产值利润率普遍低于 1%，在原材料成本、人工成本和企业融资成本不断上涨的情况下，企业几乎没有能力承担如此重的税收负担。而且核定征收，即使企业的实际利润低于核定水平，缴纳的税费也不得退回。

2. 所得税按比例强制重复征收。襄樊市地方税务局在企业全员全额缴纳了个人工资所得税后，还按照企业营业收入的 1%，强制征收个人所得税。这不仅违背了个人所得税的实质，而且无法从个人账户内扣除，不能出具个人所得税缴纳证明，实际税负完全转嫁为企业负担。根据测算："湖北省 2009 年统计年鉴"说明全省建筑业全员平均劳动生产率为 19 万元/人。湖北省 2009 年工程造价定额中人工成本占总价的比例不超过 18%，则工程项目个人的收入不超过 3.4 万元/人·年，由此计算出个人收入应计所得税在工程总价的比例为 0.30%左右，目前实际超收了工程总价的 0.7%。

（二）湖北省没有明确的减税目标和方案，减税步伐缓慢

上海“增值税扩围”试点，将把服务业领域实行的营业税改为增值税后，通过增值税减税让利来推动第三产业细分和专业化，打破了第三产业发展瓶颈。目前我省已经出台了将营业税和增值税的起征点提高到2万元的最高限，但我省地方税收体制改革与走在全国前列的上海还有差距，应加快改革步伐。

（三）湖北省税收征管严查强征，与当前的宏观调控政策不甚协调

税务机关的放管服意识不够，重征收轻服务，营商环境需要改善。

二、建议

2011年11月份，财政部和国家税务总局总下发了《营业税改增值税试点方案》，将含建筑业在内的九大行业列为试点行业，先期选择经济辐射效应明显，改革示范作用强的地区开展试点，上海市已先期列为试点城市。希望湖北省地方税务部门以推动湖北省经济发展为目的，认真关注企业税赋问题，积极申请加入营业税改革试点范围，将其作为关乎湖北地区企业生存发展和社会稳定的重点问题予以关注，提出有关税收制度改革的目标、措施、步骤和实施方案，积极推进湖北省的结构性减税政策出台，切实减轻企业税赋，帮助省内企业渡过难关，快速发展。

第二节　降低高新技术企业税收优惠申报风险

国家对高新技术企业认定的条件进一步放宽，但有关税收优惠政策在具体执行中有些问题需要出台具体操作细节，加以解决。

一、存在的问题

1. 享受高新技术企业税收优惠的依然有难度，一些企业放弃享受优惠政策。2015 年 9 月科技部、财政部和国家税务总局联合发布的抽检结果显示，1723 家企业，166 家企业有问题，其中 42 家被取消高新技术企业资格并追缴税款。甘肃省 2015 年核查 71 户，有问题的高达 49.3% （35 户），调增应纳税所得额 2.64 亿元，调减亏损 0.2 亿元。

如果企业其他收入与高新技术产品收入划分不清，或被税务机关认定多申报了研发费用加计扣除的情况比较多，企业不仅享受不到税收优惠，还可能面临税收处罚。企业为降低设备投入和管理成本，提升管理效率，高新技术产品的生产和销售，大部分会与普通产品共享使用。如果分开核算管理的成本大于税收优惠额度，企业为降低税收风险，就会放弃了高新技术企业税收优惠，这种情况有逐渐扩大趋势。

不愿意放弃高新技术优惠政策的企业，由于难以完全准确剥离研发费用、施工费用和人员工资，也担心事后无法通过税务机关审核，依然存在较大风险，对是否坚持享受这个政策有很多担忧。

2. 亏损企业和处于创业期的企业等享受不到优惠政策[18]。高新技术产业的税收优惠方式主要是所得税优惠，很少涉及流转税的优惠，并且优惠仅限于税率减少和税额的减免，需要扶持的困难高新技术企业难以享受到优惠。高新企业创业需要投入大量研发资金，而研发需要时间，这期间很难产生销售收入和盈利，这个阶段没有税收优惠政策，不利于这类企业发展。

3. 个人所得税政策单一，高科技人才引进缺乏税收优惠政策。人才是高新技术企业根本，企业必须支付高薪给高科技人才才能留住人才。现行个人所得税对高收入工薪阶层课税较重，特别是创新发明收入缺乏具有可操作性的税收优惠，加上生活成本不断提高，高科技人才留住工作的积极性不高，大量人才流向海外，不利于我国科技力量的发展，影响了高新技术企业发展。

4. 软件等高新技术企业 6% 的增值税率偏高。由于行业发展，软件公司合同金额很容易达到 30 万元的一般纳税人认定标准。而软件企业人力资本、科技费用等投入较大，其中人工成本占比较更高而无法取得进项抵扣发票，企业实际税负较高。按 6% 的增值税税率缴纳增值税，相当于企业的增值额为 35%（假设进项全额抵扣，6% = 17% 增值税率 × 35% 增值额），这个比率显得过高，不利于软件行业的发展。

二、建议

1. 完善高新技术企业认定管理工作。首先，我国要构建明确的研发项目界定标准。借鉴国外经验，扩大研发活动范围，建立通用的研发活动测度标准，使企业对研发活动和研发支出认定有据可依，降低企业执行风险。其次，对高新技术企业各项认定指标的科学性进行全面评估，建立科学合理的认定指标体系，并根据经济形势发展，对不适宜的指标值及时进行调整。

2. 适当降低高新产品收入占比 60% 这一比例限制。高新产品的市场认可和推广需要一定的过程，创收也需要一定的时间。特别是对综合发展的企业和初创期的高新技术企业来说，在一定阶段内其他业务收入可能超过高新技术产品收入，应适当降低高新产品收入占比 60% 这一比例，或者给予高新技术企业一个宽限期达到这个比例。

3. 建立技术开发准备金制度，形成有利于研发的税收激励导向。允许企业按销售收入的一定比例税前提取技术开发准备金，列入扣除项目，该项资金专门用于一定时期内的技术研发工作，这样可以让那些尚处于创业期、暂时没有盈利的企业也能享受到税收优惠。

4. 税务机关应加强企业纳税遵从服务，及时作出风险提示。由于企业对税收法律政策掌握不全面，特别是高新技术优惠，资质门槛高、政策条件多、财务处理复杂，自行判断适用优惠政策存在较大难度。希望税务机关应以企业纳税遵从为出发点，及时主动作出风险提示，引导企业正确适用相关法规，及时防范税务风险。

第三节　落实税收优惠政策　助力大众创业万众创新

近年来，国家高度重视小微企业的成长，将扶持“大众创业、万众创新”放在突出位置，着力优化小微企业发展环境，出台了一系列扶持小微企业发展的税收优惠政策，相关税务部门在服务小微企业、服务技术创新、服务民生发展上主动作为，形成了创业创新的良好氛围。但在实际操作过程中，还存在很多问题，亟待引起重视。

一、存在的问题

尽管现行已经有很多针对小微企业的税收优惠政策，但这些优惠政策法律位阶较低且系统性缺乏，执行中不易准确把握，真正落实有一定难度，存在的问题如下：

1. 小微企业自身管理能力差，而税收优惠政策要求较为复杂，难以全部把握优惠条件和要求[22]。小微企业的税收优惠政策的执行需要考虑企业规模大小、行业划分等多方面因素。有很多具体的限定条件，相对于大型企业，小微企业的税收优惠遵从成本明显要高。虽然优惠政策的针对性较强，但加大了税收执法部门的审核难度加大，执行的效率较低，优惠政策发挥的作用有限。目前小微企业的扶持政策很多是按照短期规划来执行，大多依据的是规范性文件，错综复杂的税务条文，影响了企业对税法的准确理解和把握。

2. 享受小微企业税收优惠的财务核算要求过高[19]。享受小微企业税收优惠要求账务健全、财务核算规范，能准确核算收入、成本费用、利润等财务指标。事实上，由于企业的经营情况是发展变化的，因此，用上年指标作为新年度所得税减免标准，并不完全符合实际情况。

小微企业申报税收优惠，需要填报项目繁多的材料，成为一些小微企业面对的第一项障碍。企业所得税税收优惠事项备案表、各月职工工资表、社保缴纳记录、企业财务会计报表、与劳务派遣公司订立的劳务派遣协议或与职工签署的劳动合同、税务机关要求的其他资料等，加上各地税务机关根据不同的管理情况又增加了一些资料，如代扣代缴个人所得税凭证，对照国家发布的产业目录对本企业从事行业的说明等，部分企业因提供不了全部资料，不得不放弃优惠政策。

3. 临界起征点和认定点在实际工作中难以执行。起征点提高后销售额不超2万元暂免征收增值税政策，有强烈的扶持小微企业发展的政策导向。但是，在日常管理中，一些税务机关绕过起征点政策，对小微企业一般采用核定征收办法，导致临界起征点小微企业税负的上升。

4. 小微企业实际负担重。一些外资企业和国内大型企业优惠待遇多，而小微企业优惠少，税前扣除项目也少且经济效益低，根据量能负担的原则，更显得小微企业税收负担重。在地域上，小微企业基本上归口于县、乡两级政府或城镇的街道办事处管辖，而我国目前县、乡两级财政又相对困难，小微企业往往成为收费、摊派、集资的重点对象，不堪重负。

二、建议

1. 加大力度落实特殊小微行业的税收优惠政策。根据《企业所得税》相关条例规定："国家对重点扶持和鼓励发展的产业和项目，给予企业所得税优惠。"该规定对特殊行业的税收优惠提供了理论基础。目前，国家主要对从事农、林、牧、渔业项目所得和从事符合条件的环境保护，节能节水项目等特殊行业实行免征和减征企业所得税，国家应当扩大小微企业税收优惠的行业范围，并加大对小微企业的税收优惠政策，力求降级小微企业的税收成本，使小微企业能够更快、更稳健地发展。

2. 简化小微企业创立初期的优惠。小微企业自身资金欠缺，融资困难等，创办初期是企业发展最为困难的阶段，这个阶段最需要的就是国家对小微企业税收政策的扶持和帮助，国家应当加大对小微企业创办初期税收优惠政策。简化优惠政策和征收流程，使优惠政策简便可操作性更强。

3. 将增值税起征点更改为免征额，切实降低小微企业的实际税负，减少起征点临界上下的差异，实现小规模企业的政策普惠。

4. 增强所得税对小微企业技术创新的激励力度。首先，在公平税负的基础上，为增强小微企业的市场竞争力，税收优惠的重点应从对企业优惠转向对具体研究开发项目的优惠；其次，通过对小微企业技术转让所得给予税收减免优惠，鼓励小微企业吸收无形资产投资，提高技术水平和研发能力；最后，应加大对高科技人才的税收优惠力度，比如提高高科技人才个人所得税的免征额，对高科技人员在技术成果转让与技术服务方面取得的收入，按应纳所得税额进行一定比例的减征。另外，允许小微科技型企业按高于一般企业的比例提取职工教育培训经费，从而减轻小微高新技术企业的税收负担，促进创新型人才的培养。

第四节　完善个税政策　减轻困难企事业单位“补发工资”负担

由于金融紧缩和控制杠杆率的需要，很多民营企业资金流转不灵，工资迟发或年终绩效考核过后补发；有些地方政府由于财政困难，也出现事业单位补发工资等现象。新个税法于 2019 年 1 月 1 日起施行，针对过渡期补发年度或月度奖金的扣税方式有新旧两种方案的选择，但两种方案对“补发工资”均采用在实发月份扣税，而不是在应发月份扣税的方式，导致对困难企业职工纳税人扣税过重的问题。

一、问题主要表现

1. 补发工资与绩效工资并入“实发月份”计税，一并提高了计税税率。根据《国家税务总局关于调整个人取得全年一次性奖金等计算征收个人所得税方法问题的通知》（国税发〔2005〕9 号）规定，全年一次性奖金是指行政机关、企事业单位等扣缴义务人根据其全年经济效益和对雇员全年工作业绩的综合考核情况，向雇员发放的一次性奖金。上述一次性奖金也包括年终加薪、实行年薪制和绩效工资办法的单位根据考核情况兑现的年薪和绩效工资，且在一个纳税年度内，每一个纳税人只允许采用一次。

2. 增加了困难企业工薪阶层的税收负担。因资金困难，有些企事业单位人员月工资数月集中支付，或年终奖集中支付，由于按实发当月计税，导致全年一次性奖金超过临界点，本该按照10%纳税，现合并后，导致所有工资都须按20%征税。如假设2016年、2017年一次性奖金均为120000元，适用税率10%，速算扣除数210（不考虑其他扣减）。两年分开交合计缴税23580元。两年合并发放，适用税率20%，计税金额为46590元，两者差额为34800元。这对于以微薄薪水支付各种生活、教育、医疗、养老的企事业单位职工来说，负担过于沉重。

3. 政策造成的工薪阶层“过头税”背离了改革初衷。已有许多省份先后推出了改革政策，如海南省税务部门规定个人的补发奖金、工资按应发当月计税，不以实发数为应纳税所得额。大连市、广东省等也针对此情况进行了类似规定。个税改革的初衷，是为了提高群众生活质量。坚持“以人民为中心”的发展思想，就要把增强人民群众获得感、幸福感、安全感作为政法工作根本出发点和落脚点，上述计税方式似乎与个税初衷不符。

二、建议

1. 统一全国个人所得税政策，困难企事业单位给个人补发奖金、工资按“应发当月”计税，不以“实发数”为应纳税所得额。正常工资以实发月份、年份计税，特殊情况只需相关证明材料，提前报税或留存备查，就允许分摊工资所属月份、年份计税。

2. 对因财政资金困难等正常经营困难、绩效考核等原因补发的工资，按实发当月计税的，应按应发当月工资计税，对跳档计税的个税，给予退税。

3. 各级税务机关要进一步牢固树立以纳税人和缴费人为中心的服务理念，简政放权。诚心诚意为个体减负，特殊情况特殊处理，对补发工资应就低选择应发当月或实发当月计税的选择权。简化有关个税退税手续，减轻广大困难企事业单位职工的税收负担。

第五节 社保费“费改税”，“遵从率”与税负“双提高”?

自2018年10月1日起，个税“起征点”由3000元提高至5000元，自2019年1月1日起，社会保险费将交由税务部门统一征收。2018年12月27日国务院商定，由税务部门统一征收的计划暂缓。目前，很多省市已经开始移交给税务机构，各地出台文件跟进，国务院领导表示2019年5月1日下调社保缴费率。但社保加重企业成本的问题还未能解决。

一、问题表现

1. 社保“二元征缴”体制弊端明显[20]。国务院颁布的《社会保险费征缴暂行规定》（1999）及《中华人民共和国社会保险法》（2010），都没有明确社会保险费由社保、税务哪个机构征收，由此形成了目前“二元征缴”的“双主体”征缴模式。社保征收政策多头制定、多方管理，部门管理职责权限交叉，部分事项管理薄弱甚至无人管理，工作衔接不畅，工作重复浪费了行政成本，降低了政府行政效能。

2. 社保征缴力度增强，惩戒措施更严格，市场竞争力弱的中小企业难以承受其重[21]。社保归税务部门征收前，企业为了节约开支，只按最低工资标准 3500 元缴纳；税务部门统一征收后，企业按实际工作缴纳社保的支出大大增加。杭州某企业为例：企业按最低工资 3500 元最低缴纳社保为 1344 元；实际工资为 6000 元/月，每个职工每年将多缴纳社保 11520 元/年。小微企业按 10 名职工计算，社保缴费每年将增加 115200 元。平均 6000 元/月的工资在杭州是最低水平，为留住人才，企业实际工资远远超过支付的账面工资水平，加上强制社保缴纳，实际人工成本更高。

3. 社保费计入企业增值额征收增值税，增加了企业负担。世界各国对企业自身发生的工资成本、社保成本，均不纳入增值税抵扣范围。我国企业社会保险费负担占税费前利润的比重高达 48%（姜超、于博、陈兴，2018），在 189 个经济体中排在前 12 位，而劳动所得税和社保缴费负担更高居第 2 位（世界银行，2018）。这虽然促进了用机器替代人工企业转型升级，但我国人口基数庞大，特别是低学历人口生育率相对较高，也将带来严重的失业问题和老龄化社会矛盾。

二、建议

1. 将增值税进项中提取 10% 加计抵扣，减少增值额中社保等非企业负担成本，直接达到减税效果。按进项税额提取 10% 加计抵扣，设置专门的会计核算科目，作为抵扣储存，允许企业调节抵扣。当企业抵扣额不足时，可以使用该科目补充抵扣，当企业盈利状况好，或经济形势好的时候，再择机或择行业，由国家出台政策，从企业进项抵扣额中扣减企业这部分加计扣除部分。这样，直接降低了转型期企业增值税负，国家又可以灵活掌握减税政策，调节企业税负水平。

我国自2015年以来连续四次降低社会保险费率，与负担对冲后企业感受优惠不明显。在大减税的背景下，2018年企业所得税同比增长11.7%，而增值税同比增长20.1%。企业负担社保费用等非企业增值额部分，也征收了增值税。无论降低增值税率，还是降低社保费率，降税效果不明的主要原因是成本支出获得抵扣发票困难，导致税负增加。

2. 要构建社保统一征收、发放、管理和监督的征管制度，并建立自然人税收征管的相关制度[22]。修改《社会保险法》和《社会保险费征缴暂行条例》，明确税务部门统一征收社会保险费的征收权限，进一步保证税务部门统一征收社会保险费的法律支撑和执法刚性。实现税费统一申报缴纳，可以从根本上阻止社会保险费偷逃现象的发生和发展，同时防止社会保险费基础信息申报不足导致的缴费不平等现象。同时缴费人自由选择网上办税服务厅、国家财税库横向联网系统缴费、刷卡缴费、电话申报等多种缴费方式，可以极大提高社会保险费的征缴效率，降低缴费人的遵从成本。税务机关通过12366服务热线、服务大厅、服务叫号、服务评价、窗口叫号等服务事项可为缴费人提供优质高效的缴费服务。

要整合各部门的功能，明确税务部门为社会保险费的唯一征收部门，社会保障部门为社会保险费的发放部门，财政部门为社会保险费的管理部门，审计部门为社会保险费的监督部门，构建“税务征收、社保发放、财政管理和审计监督”的社会保险费征管体制。

3. 建立失业保险金返还制度。作为降低社会保险费率的配套措施，确立失业保险金返还制度，提高企业规范缴费的积极性，缓解企业未来一段时期的经济负担。即对暂时性陷入生产经营困难的企业，若该企业不采取裁员方式降低成本，而是通过积极措施改善生产、恢复经营的，以该企业缴纳的6个月社会保险费总额的50%为标准予以返还，所需费用由失业保险基金列支。

第六节 国地税联合稽查工资费用，企业人工成本负担重

2019年1月1日开始实行的个人所得税法，在实行的第一个月，在税收稽查中出现的“所得税与个税工资总额不一致”历史问题，由于涉及面广，对企业税收负担影响大，企业对此异议较大，急需国税总局进行统一规范。

一、存在的问题

1.“一刀切”处罚历史问题，加重了企业负担，税收营商环境恶化。2018年3月13日十三届全国人大一次会议提出，“改革国税地税征管体制。国税地税机构合并后，实行以国家税务总局为主与省（区、市）人民政府双重领导管理体制。”目前，国地税合并已经完成，各项工作开始联合进行。

在2019年1月进行的税务稽查中，税务稽查普遍采用国地税合作的联合稽查方式，是由原国税稽查人员和原地税稽查人员组成“共同”稽查小组，对全国纳税人展开“全税种”税务稽查。在对纳税人的往年涉税业务稽查中，稽查人员普通查处了一个问题：“纳税人应该全员全额申报的个人所得税数据，与企业所得税申报中的工资数据不一致”。对此，稽查人员采取“一刀切”的办法，提出三种处罚意见：一是要求纳税人补交企业所得税；二是要求纳税人补交个人所得税；三是直接认定业务造假、主观故意、偷税。

2. 新个税法实行中出现“普遍性违法”现象。个税与所得税工资总额，由于历史上的税收政策和实际稽查中，并没有明确的一致性要求，因此，问题普遍存在。2018 年国家税务总局发布《关于自然人纳税人识别号有关事项的公告》（2018 年第 59 号）规范了我国自然人个税登记制度。在此之前，一人从两处以上取得兼职工资、劳务、职称挂靠、离退休返聘工作、大学实习生工资、农民工、临时雇工工资等，由于信息网络不发达，大多数单位和个人没有扣除个人所得税，但计入了企业所得税扣除项。税务机构在每年汇算清缴中，也没有对此提出稽查要求。因此，不论国有企业还是民营企业，两者数据不一致的情况几乎都存在，即存在“普遍性违法”的现象。

这种“普遍性违法”有其历史原因，责任并非在纳税人自身，而是税收政策不完善，监管有空档，并非纳税人完全的主观故意。

二、建议

1. 在全世界经济减缓，各国纷纷出台减税政策的背景下，给企业宽容最直接的减税政策。对 2019 年 1 月 1 日前的个税追缴，采取过渡期宽容政策，追溯期为 1 年，由纳税人主动自查申报，并给出半年的宽限期进行自查。

企业“全员全额计算个人所得税申报数据”与“企业所得税申报”中的工资扣除数据不一致，和 1994 年开始实行分税制以来的税收管理体制有关，在国、地税分税种征管体制下，国、地税在申报和稽查中，都没有强制要求这两个数据保持一致，因此，纳税人也缺乏两个数据进行勾稽的主观意识。

2. 放宽企业所得税中的工资总额抵扣政策。新个税法实施后，虽然个人所得税看似有所下降，但企业社保负担急剧上升。

缴纳个税前要先扣除社保，很多民营企业，特别是劳动密集型行业，很多来自农村的中高级管理人员、临时雇工、计件工人、挂靠人员等人员以前都不缴纳社保，现在申报个税登记纳税识别号，个税工资总额与企业所得税工资总额要求一致，企业和个人都必须缴纳社保，实际上大幅度增加了企业社保负担。

由于个人缴纳的社保基本没有收益，在通货膨胀时代，也面临贬值无法获得投资收益，因此，很多农村工人不愿意缴纳。个人到手收入实际没有增加，企业负担没有降低，特别是低端劳动力用工比较多的企业不堪重负。

3. 对历史旧账给予宽容政策，减少企业纳税遵从成本。建议新个税实行阶段，很多职工不了解政策，在刚开始实行阶段，暂停“一刀切”的“翻旧账”式稽查处理方式，应减少企业的纳税遵从成本。应对旧账出台统一的宽容政策并进行有关的政策宣传培训。

第七节　细化小微企业减免政策，让税收优惠政策落到实处

《财政部 国家税务总局关于暂免征收部分小微企业增值税和营业税的通知》（财税〔2013〕52 号）于 2013 年 7 月 29 日发布，于 2013 年 8 月 1 日起施行。此文件的颁发，将使符合条件的小微企业享受与个体工商户同样的税收政策，为超过 600 万户小微企业带来实惠，直接关系几千万人的就业和收入。但是，通知实施至今，由于国家税务总局没有对该通知具体解读，在具体执行中税务部门和企业并没有统一的解释，国务院有关优惠政策的如何落实，急需有关部门给予明确。

一、执行中的问题

1. 起征点的政策需要统一和具体标准明确。增值税的起征点是否提高：目前“营改增”后国家相关规定增值税起征点的幅度为：按期纳税的为月销售额5000—20000元（含本数）；按次纳税的为每次（日）销售额300—500元（含本数）。财税〔2013〕52号文件通知中的“对增值税小规模纳税人中月销售额不超过2万元的企业或非企业性单位，暂免征收增值税”，是否可以认定为提高了“营改增”后的增值税起征点？如果是提高了起征点，为统一执行，应直接调高营业税和增值税的起征点，以免不同文件产生不同的解释。

月销售额2万元的“销售额”认定口径和计算方式：由于存在价外费用、视同销售和各项收入确认的时点不同等情况；实际业务中小规模纳税人可按季度申报，“月销售额”按季度或年度平均计算的结果差异较大。因此，“2万元”的口径认定和计税方式如何界定，对企业能否享受该优惠政策将产生一定的影响，需要进一步明确。

2. 营业税和增值税混合经营。财税〔2013〕52号文件不是对一个企业的总收入规定额度予以免税，而是按增值税纳税人、营业税纳税人分别作出免税规定。假定当月增值税销售额不超过2万元、营业税营业额超过2万元的应税人，是否免征增值税，营业税按全额计税？

3. 享受应税优惠政策的小微企业范围认定标准不统一。根据相关法律法规，通常理解的小微企业是指在我国境内依法设立的有利于满足社会需要，增加就业，符合国家产业政策，生产经营规模符合工信部联企业〔2011〕300号文划分的有关小型、微型企业标准的各种所有制和各种形式的企业；这不能与企业所得税法实施条例第九十二条规定的小型微利企业标准混淆。财税〔2013〕52号文中的小微企业并没有强调必须“符合国家产业政策”，这可能扩大了小微企业范围，在执行中易产生歧义。建议出台的文件应充分考虑相关文件规定的一致性，以利于全国统一执行。

4. 个体工商户、自然人税收标准未明确[23]。52号文适用于企业、非企业性单位，并不包括个体工商户、自然人；由于个体工商户、小微企业中的一般纳税人和小规模纳税人都是经营实体，经营规模比较相近，因经营实体性质不同而适用不同的政策容易产生税负不公的问题，不利于公平市场经济发展。银行、电信企业等没有进行“营改增”的企业，其月销售额虽然没有超过2万元，但因无法认定为小规模纳税人，无法享受这一优惠政策，需进一步细化有关规定。此外，对于销售额不足2万元的总机构、分支机构是否适用此政策也未明确规定。

二、建议

1. 制定52号文实施细则或解释文件。明确月销售额计算方式为年度（或季度）平均的销售额，从而进行日常申报及年度汇算清缴；小微企业销售额或营业额的口径应以增值税暂行条例及其实施细则和营业税暂行条例及其实施细则相关规定为准。需要注意的是，增值税销售额是不含税收入，采用销售额和应纳税额合并定价方法的，应以“含税销售额÷(1+征收率)”的公式，计算（不含税）销售额。

2. 对于营业税和增值税混合经营的小微企业，可考虑将增值税收入和营业税收入合并计算免税起征点，让微小企业充分享受优惠政策。鉴于文件应保持一致性和连贯性，应明确52号文的适用时间和条件。为简化优惠政策的执行，可考虑将增值税的起征点调为月度平均销售额 2 万元。

3. 对将符合月销售额规定的其他小微企业、个体户、总分机构均可纳入优惠范围；对未实施“营改增”的电信、银行等行业进行是否符合小微企业身份及能否享受该优惠政策的认定；对免税后的企业正常开具增值税发票的有关规定进行明确。

第五章 细化减税配套政策落地 完善增值税新政

全面推开"营改增"试点涉及1000多万户企业，财政部和税务总局先后下发9个政策性文件，税务总局先后下发27个有关征管操作的公告，税务总局先后出台80项纳税服务措施；加强培训辅导方面，培训纳税人2130余万户次；增配办税力量方面，增加办税窗口17386个，增加一线办税人员2万多人、自助办税终端2万台……"营改增"试点，是一个历史特殊阶段，我们跟踪整个试点过程，及增值税全面推行的全过程，关注政策在最后一公里的落地情况，特别是企业的税负获得感，从试点期间的过渡性政策，到操作细则和操作指引的具体落实问题，及时将问题反馈给政策部门，化解"营改增"进程中的风险，为积极推进改革贡献了一些观察和思考。

第一节 落实“营改增”减税初衷需操作指引配套

“营改增”制度设计的初衷，是实现结构性减税，目的十分明确。但实际执行操作中，面临诸多困难，突出的是抵扣项开票问题。由于征收范围不同和能否取得增值税专用发票，成为税负能否降低的关键，其对税负的影响超过了税率变动的影响，制约“营改增”减税效果显现，需进一步完善相关政策，使“营改增”政策能落实到位。

一、主要问题

试点未全面铺开，增值税抵扣链不全，减税效应难以发挥。

1. 交通、邮电等公共服务类行业进项抵扣发票难以取得，税负增加较大。交通运输、融资租赁、电信业、邮政业等行业已经完成“营改增”试点，这些行业的一般纳税人，由于现实中取得理论上的进项抵扣发票存在各种问题，直接影响负担，税负不降反升对企业盈利影响较大。交通运输业，过路费、过桥费、保险费等未纳入“营改增”范围部分不能抵扣和全额扣除，造成税率较高，出现税负上升问题。

融资租赁的售后回租业务，“售”的环节不用交税；但需开增值税发票，作为“租”的环节在缴纳增值税时的抵扣证明。这一点比较难做到，需税务总局做出统一规定。

2. 劳动密集型服务业进项抵扣不足，税负压力比较大。生活服务业如餐饮业、住宿业、医疗教育、家政服务业、洗染业、美发美容业、沐浴业、人像摄影业、维修服务业和再生资源回收业等，由于经营者分散、单店规模小、大多处于零售环节，固定资产非常少，成本中很大比例是租金和人力等无法抵扣的项目，将会对盈利产生较大影响。

2013 年 6 月 14 日财政部、国家税务总局下达财税〔2013〕37 号文，明确从 2013 年 8 月 1 日起，废止北京、上海等地有关延续“营改增”前对会展企业实行的六项抵扣政策，会展企业税负加重。税负前移向搭建公司等转嫁或导致工程质量下降及安全隐患，形成恶性循环；后置提价，参展企业成本上升，影响展会规模及健康发展；该行业为劳动密集型，影响到社会人员就业。

应税服务出口适用免税方面，根据财税〔2011〕131 号文，上海试点中在向境外单位提供的 9 种应税服务时，申请、审批手续分别让纳税人和税务部门“非常头疼”。由于没有统一的操作方法，上海市国税局目前不确定允许纳税人在进行增值税申报时，直接填报为免税服务。在应税服务出口适用零税率方面，向“境外单位提供服务”的定义有待进一步明确，不同地方税务局处理意见不同。

3. 部分产业增值税率增高，历史抵扣不足，短期内化解困难。三大电信运营商缴税由 3% 的营业税变成 6% 或 11% 的增值税。以武汉市为例，三大运营商武汉分公司当月实现增值税 1.31 亿元，整体税负短期内有所增加，税负增长主要是因为公司前期购买的固定资产无法抵扣。

4. 房地产业链条较长，购地等环节较为复杂。房地产相关税收对地方收入影响较大，一旦出现变化会造成较多问题。

二、建议

希望税收制度制定部门对试点过程中所反映问题高度重视并

及时处理，以利于纳税人享受减税政策的实惠，提高财税遵从水平，提升企业的经营效果。

1. 准确界定征收范围和抵扣项的重要性甚至超过税率。应当走出对税负增加企业给予税收返还或其他补贴的旧思路。考虑到企业的生产经营周期或行业特点、税收征管工作量等问题，帮助企业减轻税负。

2. 降低会展行业增值税税率。小规模企业较多，会展产业链（主承办企业、展示工程企业、场馆企业及配套服务）实施同税率的增值税，即征税率从6%降为3%，减轻会展经营机构的负担。

3. 由于各个试点地区在具体政策上有所不同，在宏观政策框架下，各地方可结合自身实际，围绕更加扶持创新型企业、高科技型企业，在税制实施细则上点对点的措施上再多安排一些优惠。这样，才能根本上达到促进结构转型的目的。

第二节　细化“营改增”操作细则　关注企业运行管理成本加大问题

“营改增”正式推行近一个月由于存在多档税率，抵扣发票取得困难，或为了减少税费而必须分拆企业，无形中加大了企业的运行和管理成本。有关问题由于存在的普遍性和长期性，需要引起有关部门重视，及时出台解决办法。

一、主要问题

1. “营改增”细则亟须出台“全国统一操作方案”。“营改增”过渡期政策如何执行，给企业财务人员带来很多疑问，税务机关也没能给出明确解决办法，各地税务机关纷纷出台各自的解读政策，各种民间解读和操作版本流传。企业对降低税负的信心不足，因此，需要深化增值税改革程序，对行业共性问题及时补充出台相关操作细则，统一全国解释的标准与口径，最大程度减少制度变化对相关行业带来的不利影响，减少操作程序的繁杂程序，成为当前政策机关需要考虑的重点。

2. 政策性行业税负不均，可能导致某些产业处于竞争劣势，不利于全产业链健康发展。房地产业表面看，销项为 11%，而进项材料设备等可抵扣 17%，在降税方面具有明显的行业政策优势。如果房地产行业大量采用甲供材方式留抵税款，建筑业将进入政策性税负增加状态，加上由于劳动密集型行业人工成本和零散原材料无法抵扣问题，成为“营改增”产业链条中税负“凸增”的行业，可能变成“营改增”政策性亏损行业。建筑业还存在工程预算无法对进项税额进行准确预算，工程预算造价无法确定等问题，都影响到建筑业业务活动正常开展。

3. 为减少税负而强拆企业，增加了企业运行成本，不利于企业做大做强。生产性服务业的人力资源型行业，如酒店行业，人工成本往往占比较基本又无法抵扣，造成企业税负面临上升压力。业内人士建议细化分工，将部分服务外包的办法，显然会增加企业管理和制度运行成本，对规模不大的企业来讲，被迫为了抵扣而进行分解经营，不利于企业做大做强，而且报税成本明显加大。

由于房屋租赁费、过路过桥费等占物流企业成本较大比重的费用，这些行业未纳入增值税抵扣范围，个体运输业户不能开具增值税发票问题显得突出。“三流合一”的强制征收办法，显然不利于企业三方之间直接交付货物，而加大了企业的物流成本，不利于企业发展。

4. 现行抵扣政策与金融统一管理分散经营的组织模式产生冲突。金融业现行统一管理机制，同一省市内跨地区管理，无法统一到总行申报，使收入分散但支出集中，进销项不匹配；内部管理成本和调整成本有较大难度；三是金融业交易量庞杂，如采取按网点（或分支机构）分别纳税，则在两周（一般为 15 天）左右的申报期内，所有网点全部完成业务整理并形成规范的申报缴纳数据，对金融业的人力资源、人员水平要求很高，金融业纳税人的税收成本会有很大增加。

金融行业创新产品分类界定问题突出。金融业的创新产品层出不穷，现有产品收入也难以准确划定到具体某个类目下进行税收征管，这将是今后一直面临的问题。

5. 企业面临的各种问题较多，对税务主管部门的征管水平也提出了更高的要求。综合上述情形，金融业汇总缴纳增值税的意愿较强。

二、建议

1. 对建筑业、金融业等全行业的共性问题，应及时出台全国统一的可操作的细则，进行统一规范。根据金融业实际情况，对金融业实行汇总缴纳方式。

2. 对房地产和建筑业政策性税负不均问题，进行给予政策调节，并对建筑业人工成本和沙石散料无法抵扣问题给予统一规定。

3. 应充分考虑征收政策对企业组织体系的冲击，可能不仅不能促进企业发展，反而会增加企业运行成本，对企业做大做强造成阻碍。

第三节 关注上下游产业链 降低建筑业中间环节税负

随着税制改革的深化，建筑业“营改增”势在必行。《财政部 国家税务总局关于印发营业税改征增值税试点方案的通知》（财税〔2011〕110号）拟将建筑业营业税改征为增值税，税率为11%。建筑业“营改增”，涉及建筑业及其上下游产业链，对建筑业的发展影响深远，相关企业应准确理解政策，规范实务操作，避免涉税风险。

一、企业可能涉及的风险

1. 施工企业材料分散，进项抵扣难以获得，实际税负很可能会增加。建筑材料来源方式较多，增值税进项税额抵扣难度大。由于建筑工程承包方式和承包范围的不同，有的工程项目材料、设备全部由施工企业自行采购，能取得的进项税额发票多些；而有的工程项目，主要材料或大宗材料由甲方（建设单位）采购，调拨给施工企业使用，施工企业仅采购一些辅助材料或零星材料，这样施工企业可取得的进项税额就少，实际税负明显偏高。另外，施工企业承建的工程项目比较分散，很多工程所处地域比较偏僻，所面对的材料供应商及材料种类“散、杂、小”，如砖瓦、白灰、砂石、土方及零星材料基本上由个体户、杂货店、小规模纳税人供应，购买的材料没有发票或者取得的发票不是增值税专用发票。由于发票管理难度大，材料进项税额无法正常抵扣，使建筑业实际税负加大。

2. 商品混凝土等主要工程材料可抵扣进项税率低于建筑业

销项税率，上下游税率差加大了行业税负。《财政部 国家税务总局关于部分货物适用增值税低税率和简易办法征收增值税政策的通知》（财税〔2009〕9号）规定，一般纳税人销售自产的下列货物，可选择按照简易办法依照6%征收率计算缴纳增值税：（1）建筑用和生产建筑材料所用的砂、土、石料；（2）以自己采掘的砂、土、石料或其他矿物连续生产的砖、瓦、石灰（不含黏土实心砖、瓦）；（3）自来水；（4）商品混凝土（仅限于以水泥为原料生产的水泥混凝土）。

以上所列货物，都是工程项目的主要材料，在工程造价中所占比重较大。假设施工企业购入以上材料都能取得正规增值税发票，可抵扣的进项税率为6%，而建筑业增值税销项税率为11%，施工企业购入的以上材料必将增加5%的纳税成本，从而加大建筑业实际税负，挤占利润空间。

3. 建筑劳务费支出比重大，但获取进项抵扣发票困难，且抵扣率低于销项，进销差异增加企业税负。建筑工程人工费占工程总造价的20%—30%，而劳务用工主要来源于成建制的建筑劳务公司及零散的农民工。建筑劳务公司作为建筑业的一部分，为施工企业提供专业的建筑劳务，取得劳务收入按11%计征增值税销项税，却没有进项税额可抵扣，与原3%营业税率相比，增加了8%的税负。劳务公司作为微利企业，承受不了这么重的税负，势必走向破产，或将税负转嫁到施工企业。另外，农民工提供零星劳务产生的人工费，也没有增值税发票，无可抵扣的进项税额，势必加大建筑施工企业人工费的税负。

4. 动产租赁业销项税率高，租赁业没有进项抵扣，实际税负增加。新的税改方案中，动产租赁业增值税率为17%，与建筑业密不可分的机械设备、设施料租赁均属于动产租赁业范畴，税制改革对租赁业的生存和发展是一种挑战。租赁业现有资产没有增值税进项税，而租赁收入产生的销项税，因没有可抵扣税款，将背负17%的高额增值税税负。目前，租赁业利润率普遍低于增值税率（17%），租赁企业显然无利可图，必然放弃增值税一般纳税人资格，转为小规模纳税人或个体户，只缴纳3%的增值税。一旦租赁业转为小规模纳税人，施工企业可抵扣的进项税额将势必减少，从而加大施工企业实际纳税额，增加建筑业税负。

5. 工程分散，材料采购分散，发票的收集和认证工作难度大，难以获得进项抵扣。施工企业与传统生产制造企业的业务模式和客户类型差异较大，施工项目分散在全国各地，材料采购的地域也相应分散，材料管理部门多而杂，每笔采购业务都要按照现有增值税发票管理模式开具增值税发票，且材料发票的数量巨大，发票的收集、审核、整理等工作难度大、时间长。按现行制度规定，进项税额要在180天内认证完毕，其工作难度非常大。

6. 税制改革对传统的联营合作项目冲击大，新的经营模式短时期难以建立。目前，在施工企业内部，联营合作项目普遍存在，联营合作方大部分不是合法的正规企业，且部分合作方是自然人，没有健全的会计核算体系，工程成本核算形同虚设，采购的材料、分包工程、租赁的机械设备和设施料基本没有正式的税务发票，也没有索取发票的意识。在营业税下，以工程总造价为计税依据计征营业税，不存在税款抵扣问题，营业税也与成本费用关系不大。但是，在增值税下，应纳税额为当期销项税额抵扣当期进项税额后的余额，销项税额是不含税工程造价乘以增值税率计算，进项税额是材料采购、设备租赁、工程分包等环节取得的增值税专用发票上注明的增值税额，进项税额产生于成本费用支出环节，增值税与工程造价、成本费用密不可分。如果联营合作项目在采购、租赁、分包等环节不能取得足够的增值税专用发票，那么增值税进项税额就很小，可抵扣的税款较少，缴纳的税款较多，工程实际税负有可能达到6%—11%，超过总包方的管理费率，甚至超过项目的利润率，总包方和联营合作方都将无利可取，涉税风险会威胁到联营合作项目管理模式的生存和发展。

二、建议

有关税务立法和执行部门应密切关注“营改增”对建筑业的影响问题，考虑全产业链税率差和获得进项抵扣发票的困难，完善税收制度设计和扶持政策，辅导企业认真做好核算管理工作，保障“营改增”达到结构性减税的目的。

第四节　统一新旧条款　规范试点过渡期政策

2013 年 5 月 24 日，财政部、国家税务总局紧急发布财税〔2013〕37 号“营改增”新文件《财政部 国家税务总局关于在全国开展交通运输业和部分现代服务业营业税改征增值税试点税收政策的通知》，“营改增”试点扩展至全国。根据文件规定，原增值税一般纳税人和“营改增”试点增值税一般纳税人，其自用的应征消费税的摩托车、汽车、游艇抵扣政策都得到重大修改，由“禁止抵扣”调整为“允许抵扣”，这对减轻相关纳税人的合理税负确实大有意义，有利于企业的设备的更新换代，同时拉动相关市场的消费。

一、存在的问题

财税〔2013〕37 号中的这项条款与旧文件的相关规定发生冲突：根据现行《中华人民共和国增值税暂行条例实施细则》

（2008 年 12 月 18 日财政部、国家税务总局令第 50 号公布），2011 年 10 月 28 日《关于修改〈中华人民共和国增值税暂行条例实施细则〉和〈中华人民共和国营业税暂行条例实施细则〉的决定》（修订）之第二十五条规定，纳税人自用的应征消费税的摩托车、汽车、游艇，其进项税额不得从销项税额中抵扣。这一冲突利用“新法优于旧法”“上位法优于下位法”的相关解决机制难以明确调和。通常废止以前有关文件规定，应在发文的后面列举被本文作废的已发布的文件或者条款，但是 37 号文只字未提旧的文件规定。因为 37 号文是规范性文件，增值税条例是行政法规，实施细则是部门规章，三者矛盾无法调和；实务操作中已经出现了执行上的规章制度分歧，不利于税制改革的严肃性和规范性。

二、建议

综上所述，可将其中第二十五条改为“纳税人自用的应征消费税的摩托车、汽车、游艇，其进项税额准予从销项税额中抵扣”；上述修改且应在 2013 年 8 月 1 日新文件实施前尽快完成，以便实务的执行和操作。另外，相关法规部门应加强发文前的审查工作，尤其是合法性的审查，使得文件的发布实施在解决实际问题时，也符合相关法规条款、便于执行。

第五节　“营改增”政策成效渐显，需规范过渡性政策

“营改增”试点成效显著，但一些行业出现了税负增加的现象，为使改革顺利进行，各地先后出台了一系列过渡性政策。随

着改革的推进，“营改增”企业抵扣的范围和行业扩大，改革中的问题逐渐解决，而由于各地的“营改增”过渡政策不统一，对“营改增”试点企业造成了税负不公，影响了“营改增”的试点效应，需引起有关政策制定部门的注意，加以规范。

一、“营改增”的积极效应

国家税务总局 2014 年 3 月发布的数据显示，截至 2013 年底，全国有 272.5 万户纳税人纳入“营改增”试点，其中交通运输业 54.8 万户，现代服务业 217.7 万户，全年“营改增”减税 1402 亿元。自 2012 年 1 月 1 日“营改增”从上海开始试点两年多来，试点范围扩至全国，试点行业扩大，“营改增”逐渐凸显，不仅实现了结构性减税，完善了税制；优化了产业结构，推动了发展；同时促进了劳动就业，稳定了物价。“营改增”更重要的意义在于对分税制重新洗牌，对投资拉动经济增长的作用非常明显，但在理顺中央和地方利益关系方面意义更为重大，因此，应积极推进“营改增”试点进程，尽快全范围全行业推广。

二、试点中出现的问题和原因分析

1. “营改增”试点之初，由于试点范围有限，试点企业不能全面获取专用发票抵扣税款，导致税负增加，如交通运输、融资租赁、货运代理、部分经济鉴证类服务业等行业的部分企业税负不降反升的情况比较明显。大中型会计师事务所、研究机构等高技术人才集中的企业，由于成本绝大部分是人工费用及房租、差旅费等都无法抵扣，能够取得进项税票的成本支出很有限，实际负担增加了。

2. 过渡性政策成为“营改增”的标配，有待规范。试点过程中，由于经营规模不同、成本结构不同、发展时期不同等原因，部分试点企业在新老税制转换期内产生税负有所增加的情况。为有效平衡税负，顺利推进试点改革，从上海试点开始，各地财政部门纷纷选择实施过渡性财政政策给予政策扶持，上海、北京、深圳、陕西、湖北及其他各地均制定了符合当地情况的过渡性财政扶持政策，如上海市已经出台具体补贴方案，标准大致是企业税负增加累计超过 3 万元，由财政部门补贴 70%，在年底再进行清算。

由于各地财政补贴标准主要依据当地财政承担能力而定，而非企业实际税负情况，因此，全国补贴标准不一致，造成了新的税负不公情况，与“营改增”初衷相违背。地方财政没有增收又要财政补贴，对地方财政产生了压力，中央没有统一补贴规定，由各地判断补贴政策，实际上对“营改增”的效应产生了消解作用。

3. 虚开发票等行为增长。“营改增”试点中，很多企业存在没有增值税发票来抵扣相应的税款，导致税负不降反增，给部分企业虚开增值税发票提供了可乘之机。增值税中的进项税额可以抵扣，面对抵扣税款的诱惑，虚开增值税专用发票的违法犯罪屡见不鲜，给国家税收造成巨大损失。2013 年，宁河警方成功破获一起虚开增值税专用发票案，查获犯罪嫌疑人 8 名，打掉犯罪窝点 3 个，涉案价值 1.3 亿元。

虚开发票、代开发票，“买发票”虚增进项税额抵扣税款增加的原因，主要在于增值税政策抵扣链条不完善、不全面。小规模纳税人按简易征收率 3% 缴纳增值税，而按国税总局有关规定，接受试点纳税人中的小规模纳税人提供的交通运输业服务，按照取得的增值税专用发票上注明的价税合计金额 7% 的扣除率计算进项税额。这对扶持中小企业的发展起到积极的促进作用，却可能留下了骗税的漏洞。

三、建议

1. 尽快通过完善税制来解决“营改增”推进中的问题。针对“营改增”中的问题，应通过税制而非各地的财政补贴解决问题。在“营改增”政策框架下，财税部门可对各类现代服务业根据其不同特点进行适当分类处理，对经济鉴证类服务业等高新技术人才密集型企业，可单独考虑采取简易计税方法进行核定征收，或者给予减免优惠并扩大可抵扣项目范围。

2. 在所得税层面，财税部门可比照高新技术企业税收优惠政策，将经济鉴证类服务业适用所得税税率按 15% 执行；将执业风险金费用纳入所得税前计提范围；类比科研企业，将经济鉴证类服务业的研发费用予以加计扣除。

3. 加强增值税发票的管理。税务部门应尽快完善发票管理系统，要预防在先，严防虚开和空转。企业要从采购环节严格执行增值税专用发票制度，最大限度增加抵扣。

4. 加快“营改增”试点和全面推广步伐的加快以及试点范围扩大。同时，应尽快推行全范围全行业的“营改增”政策，尽量简化和统一税率，实现“营改增”的初衷。

第六节　延续原“营业税优惠政策”，增值税税负只降不升

“营改增”试点，已扩至 10 省市并将推广到全国，其促进产业发展和转型升级的效应正逐步显现。我们发现税改过程中的税改方案存在如下问题需要处理，以不加重企业负担，并使改革能顺利进行：

一、对原享受营业税“税收优惠”的行业和项目，没有出台相关配套政策

目前，税改文件依据只有试点方案，该方案第三条原则“全面协调、平稳过渡”中要求“妥善处理试点前后增值税与营业税政策的衔接、试点纳税人与非试点纳税人税制的协调，建立健全适应第三产业发展的增值税管理体系，确保改革试点有序运行。”但是，试点方案对原享受营业税“税收优惠”的行业和项目，没有出台相关配套政策，而营业税减免的政策非常复杂，除了政策，还涉及操作程序、跨部门衔接等问题，影响“营改增”顺利进行。

1. 技术开发和技术转让等“营改增”税收优惠政策可能存在盲点。这些政策，含免税项目和不征税项目，涉及金融保险、中介服务、物流、交通运输、医疗卫生、促进就业、科技创新、文化产业、邮电通信等多个行业。“技术转让收入”须经省级科技部门认证后方可减免。虽然试点方案规定了“国家给予试点行业的原营业税优惠政策可以延续”，但相关科技部门如何进行认定及认定程序等配套政策形成了盲点。2011 年江苏省技术转让、技术开发减免营业税 6.4 亿元；中小企业信用担保再担保减免营业税 0.3 亿元；支持“三农”发展减免营业税 4.1 亿元；节能服务公司合同能源管理减免营业税 78 万元。湖北 2011 年湖北省登记技术合同 7799 项，成交额 121.4 亿元，减免营业税 7.04 亿元；2012 年湖北省登记技术合同 3478 项，成交额已达 74.89 亿元，减免营业税税收 4.3 亿元。这项税收对创新社会影响巨大，如政策衔接不到位，不利于企业创新和国民经济结构的调整和发展。

2. 营业税税收优惠政策涉及行业众多，税收减免导致增值

税抵扣效应扭曲，下一环节税收负担增大。营业税优惠政策，仅2011年国务院、国家财政局、税务总局出台的就达30个，其中涉及营业税征收管理的政策，有资产重组、为矿产资源开采提供劳务、房地产市场调控、通信公司和铁路运输企业、销售不动产和土地使用权及附着固定资产、销售资产货物同时提供建筑劳务等征收管理政策；还涉及营业税税收优惠的有试点物流企业、软件产业和集成电路产业、国家大学科技园和孵化器、“三农金融事业部”改革试点、中小企业信用担保机构、邮政速递物流业务、农村金融机构、个人住房转让、跨境设备租赁、灾后重建、节能服务员发展、普通高校毕业生就业、学生公寓和食堂、家政服务、宣传科普文化等多行业的营业税免征或减免政策。问题是，如试点物流企业，本身行业特性决定了进项抵扣的人工和建筑材料抵扣不足，如果再根据“税改方案”延续原营业税减免方案减免增值税，下一环节企业将无法获得足够的进项税抵扣，税收负担将会十分沉重，严重影响后续产业链的经营。

3. 中小服务业、物流企业，交通运输企业降低了税率，征税的基数却大增，抵消了减税效应。这些企业征税的基数，由扣除相关费用后的余值变成了按收入全额征收，实际税负大大增加，与税改方案延续营业税优惠政策的精神相矛盾。按原营业税规定金融企业从事外汇、有价证券、期货买卖业务，以卖出价减去买入价后的余额为营业额，符合条件的劳务公司可按扣除相关费用的余额征收，试点物流企业，交通运输企业的中间环节劳务按收入扣除一定费用后的余值征收。税改方案规定，“纳税人计税依据原则上为发生应税交易取得的全部收入”。对一些存在大量代收转付或代垫资金的行业，其代收代垫金额可予以合理扣除。按此规定中小服务业、物流企业，交通运输企业即使降低了税率，征税的基数却由扣除相关费用后的余值变成了按收入全额征收，实际税负大大增加。这又与税改方案延续营业税优惠政策的精神相矛盾。

“营改增”还存在一些类似的政策衔接问题。目前上海“营改增”的试点方案中并没有考虑上述问题，其他省市也没有经验可供借鉴，如果没有相应的措施配套解决，或许会对中小服务企业造成打击。

二、建议

1. 延续原营业税优惠政策。试点期间，原营业税的优惠政策不变，所有的优惠政策统一延续到增值税。原优惠期到期的政策再给予 1 年的优惠政策，以保证企业在税改期间享受较适度宽松的税收政策。

2. 上游营业税税收优惠政策的抵扣，可还原行业增值税率计算，按原抵扣额抵扣。对减免税的行业和项目，在免除增值税的同时，凭减免的增值税发票，按行业增值税率“计算”进项税额，进行抵扣，以避免增大后一环节的税收负担，使增值税抵扣链扭曲，违背了增值税改革的初衷。

3. 对于原按收入扣除一定费用后按余值征营业税的行业和项目，在改成按收入全额开票征税的同时，可允许按原营业税扣除项目和现行增值税税率“计算”抵扣的进项税，这样可以保证下一环节的抵扣，也不会增加本环节的税负。

4. 国税总局和各省国税局可成立相关机构，专门处理“营改增”的政策衔接问题。在税改中，应尽量采用宽松和优惠的税收政策，降低税改给企业带来的阵痛。

第六章 加大“放管服”力度 降低纳税遵从成本

近年来，我国税收增长速度快于 GDP 增长较快，过重的税收负担对企业长期发展不利，以减税为初衷的“营改增”全面推行。但由于“营改增”税制设计的问题，和执行中出现的新情况，加大了企业的纳税遵从成本。本章对此“营改增”后中小企业纳税遵从成本进行调查，采用统计分析和对比分析法，提出“营改增”后企业纳税遵从成本增加的原因和内容，并进行了影响分析，提出加强纳税人遵从成本的理论研究，完善税制，增强纳税服务的建议，以促使“营改增”全面改革起到推动经济改革的积极的综合效应。

第一节 纳税人税收遵从成本概述

纳税人税收遵从成本，是指纳税人依法纳

税，缴纳税款和税收过程中产生的其他各项直接费用支出和间接费用支出。大致有如下分类：

1. 广义和狭义之分，广义的税收遵从成本，包括税务征收机关和纳税人在依法征收或缴纳税款过程中产生的所有成本。本章仅研究纳税人依法纳税、合理税收筹划过程中消耗的各种现金支出成本、时间成本、风险成本、社会成本等。

税收的社会成本，是指在税制设计时所造成的，超过政府税收收入的社会的额外损失。

2. 按不同标准有不同分类。税收成本分为经济成本、管理成本和遵从成本等三类。也可以分为：社会遵从成本和纳税人遵从成本；初始遵从成本和经常遵从成本；可计算成本与税收筹划成本。

纳税人的税收遵从成本 = 纳税人依法缴纳给税务机关的税款 + 纳税人办理纳税事务和进行筹划所花费的时间成本 + 机会资源成本 − 纳税人的获得的税收收益。

3. 按组成的内容包括可测量成本和不可测量成本；可测量成本如货币支出的直接成本和时间成本。不可测量成本，包括心理成本和风险成本。

货币成本，包括办税人员工资、办公费、交通费、设备费、律师代理费、交际应酬费、罚款费用等。时间成本，包括学习税收政策、整理档案，登记账簿、办理纳税事宜和路途时间、应对税务检查、解决税务纠纷，年检和领用发票等时间来计算，计算标准可按平均小时工资计算。

心理成本包括心理损失、心理压力、情绪波动等。通常无法衡量，但会增加货币支出成本，降低办事效率。风险成本是因为违反有关税收征管规定而可能发生的成本，通常用概率表示。其他成本包括税务机关办事效率低下造成的损失成本，与税务局沟通交流的成本。

第二节　中小企业纳税遵从成本的研究意义

“营改增”设计的积极效应包括，通过向服务业让利，为第三产业注入活力，有利于经济结构调整，加快经济转型。有利于创造公平环境，深化社会分工，加快专业化分工水平提高；倒逼中央政府完善新税制。

一、企业开办的积极性与企业的税收遵从成本紧密相关

《OECD伊斯坦布尔总理宣言：促进中小企业的创新增长和国际化竞争》（2004）指出：小企业对税收极其敏感，同税制是高度相关的，如果税收过重或避税难度太大，或处罚过严，那么小企业将会不创办或停办。如果税收不合理而迫使小企业不得不采用更多的逃税手段，将会造成严重税制扭曲，走向税制改革的反面。因此，“提高税收遵从度对促进中小企业发展非常关键的”。

为减少中小企业产生逃税动机，鼓励中小企业创办，对小企业的税收的基本原则是：税制简单、税负降低，降低其逃税的动机。

二、“营改增”减税初衷能否落实需要论证

“营改增”的初衷是为企业减少税收负担。税收结构是否合理，征收体系是否完善，纳税遵从成本是否过高，对实现“营改增”初衷都有很大影响。从当前实施情况看，增值税的征收，在对企业税负的测算上，没有考虑企业的纳税遵从成本，对一般

纳税人抵扣发票的管理更加复杂，“三流合一”造成很多企业正常业务变成违规虚开增值税发票，企业为获得减税减负优惠，不得不改变组织结构，增加无谓的交易环节，以符合税务征收的硬性规定，减负变成了和税务部门的博弈行为。

英国等西方国家是基于纳税遵从原则，由企业自行申报，税务机关并非以查收为主，而是以为纳税人服务为宗旨。由于信用体系完善，信息透明度高，企业逃税成本高，而纳税遵从成本低，纳税人自觉选择守法纳税。在中国，税务部门以查处征收为主，一律采取“核定征收”办法，不仅征收的条款和程序复杂，针对小微企业的优惠标准执行起来“费时费力”，税务机关和小企业之间成为一种博弈关系，无形中增加了企业的纳税遵从成本，产生了“逆向选择”：将那些需要扶持的小企业狠狠打击了。

三、应防范因相关惩治条款落后，对企业造成过度打击，对经济发展造成阻碍

小规模纳税人的正常商业行为，可能会落入犯罪的境地。1995 年 10 月 30 日第八届全国人民代表大会常务委员会第十六次会议通过的《关于惩治虚开、伪造和非法出售增值税专用发票犯罪的决定》（以下简称《决定》）提出“虚开增值税专用发票罪”，规定“进行了实际经营活动，但让他人为自己代开增值税专用发票，按照虚开增值税专用发票罪定罪处罚”。实践中，小规模纳税人企业不能自己开具增值税专用发票，相比一般纳税人在市场竞争力受到很大影响。一些小规模纳税人便会委托他人为自己如实代开增值税专用发票，这就刚好落入了《决定》及最高人民法院于 1997 年 10 月 17 日颁布实施《关于适用〈全国人民代表大会常务委员会关于惩治虚开、伪造和非法出售增值税专用发票犯罪的决定〉的若干问题的解释》规定的，虽进行了实际经营活动，但让他人为自己如实代开的客观行为要件之一，而渐渐走上了犯罪的道路。事实上，企业并没有犯罪行为，也没有给国家造成税收流失。当前强制“三流合一”的做法妨碍了小规模纳税人的正常生产经营，税法公平原则不符。

虚开增值税专用发票罪的相关司法解释落后，《刑法》相关立法不明确、法定刑过重、忽视主观罪过、罚金数额低。当前立法中相关司法解释规定是 20 多年前的规定，20 年间的经济飞速发展，使原数额规定已经不适应现实的情况，导致了司法中量刑过重。

四、保证企业税收优惠政策落实，执行过程中不被扭曲

从立法到执法，税收政策设计变为现实的关键是征管执法。大多数“营改增”效应研究，局限于计算减税规模及促进就业，创新创业等积极的社会效应，较少考虑税收征纳主体的政策执行成本，纳税人遵从成本高，预期享受税收优惠风险成本高，税收流失成本高，流失处罚成本风险较少研究。

研究表明，在纳税双面都不了解法律的情况下，税收缴纳和征收中的“半遵从”行为出现，这种基层行政分权阻碍了税收制度改革。“非基于规则的”税收征管规则在税收政策不明确、政策复杂冲突时，可以保证低投诉率和减少查处征管成本，但增加了互动交易成本和腐败成本，而忽视了法律，使制度设计偏离预期，甚至走向反面[24]。

税务机关绩效考核压力增加了纳税遵从成本，而中小企业财务人员对税收政策吃不透也增加了沟通成本。担心享受税收优惠政策后被审计出问题，而不愿意享受税收优惠政策，也增加了企业的税收负担。

第三节　“营改增”对税收遵从成本影响分析

西方发达国家的纳税人权利运动，是从 20 世纪 80—90 年代开始的，将税收遵从成本作为影响纳税人权利的重要因素，是维护纳税人权利的重要方面，法律文件《纳税人权利宪章》的出台，使保护纳税人权利为国家税务当局和专家学者所接受，并得到广泛关注。普华永道会计师事务所和世界银行发布的《2016 年纳税演讲》提到，中东地区是世界范围内纳税最为便利的地方，在纳税便当程度方面，在 189 个经济体中，阿联酋排名第一位。

一、各国中小企业税收遵从成本普遍较重

根据国外的研究资料，企业税务遵从成本普遍较重，澳大利亚社会遵从成本占全部税收收入的 11.86%（1994—1995 年），占 GDP 的 2.29%；英国的税收遵从成本约占 GDP 的 1%（1986—1987 年）；美国联邦和州所得税遵从成本约占联邦和州税收收入的 9%，占 GDP 的 0.93%（1995 年）。

我国税收成本研究起步较晚，相对比较落后，至今没有完整精确的计量模型计量税收遵从成本；无法从官方取得权威数据，有学者也认为在税收总成本中管理成本和奉行成本的比例为 9∶1，不足以引起重视。另外一些学者则认为我国税收遵从成本较高，应引起重视。

有学者从制度经济学角度，测算 2003 年我国的税收遵从总成本约 1200 亿元，成本偏高。

我们调查了某地区销售额 200 万元的一般纳税人商业企业，调查情况见表 6 -1。

表 6－1　某中部地区商业企业年度税收遵从成本支出明细

单位：元/200 万元销售额

序号	支出名称	金额	备注
1	增值税专用发票工本费	1500	平均每月 100 份
2	增值税数据代理申报费	3000	每月 250 元
3	防伪税控设备软件维护	3560	分 5 年折旧
4	网络报税维护和上网费	2000	
5	办税人员工资交通培训费	51000	专职会计 1 人，月工资 3500 元，每月交通费 100 元。培训年费 8000 元
6	其他费用	5000	
合计		66000	

从表 6－1 调查的某企业年度纳税遵从成本看，年销售额 200 万元的商业企业进行一般纳税人管理的税收直接相关支出为 6.6 万元，占年度销售额的 3.3%；这与小规模纳税人增值税征收率还略高一些，企业显性税负与纳税遵从成本几乎为 1：1，企业显性与隐性的综合纳税成本达到 7% 左右，在当前经济新常态状况下，服务业企业的利润基本被消耗掉了，扣除税收成本后几无利润。

二、“营改增”后小微企业税收遵从成本加大，竞争压力加大

2014 年，北京国家会计学院《中小企业税收发展报告》（以下简称《报告》）显示，小微企业的增值税负担（增值税/收入）和大中型企业大致相当；但小微企业的所得税负担明显高于大中型企业，差距甚至接近一倍。

与香港小企业只有所得税没有流转税相比，内地企业需要与税收人员“周旋”的遵从成本较高，小企业多疲于应付。获得所得税优惠的小微企业仅占 1447 家企业的 17%，未获得优惠的小微

企业占比达到83%，调查得到遵从成本分布如表6－2所示，小微企业遵从成本高产生的最突出的原因是“优惠政策形式复杂，缺乏规范和统一”，解读不是很明确，且存在很大的不确定性，造成企业合规成本高，越认真越复杂。税负增加成为除人工和材料成本上涨的影响企业发展的第三大因素[25]（见表6－2、表6－3）。

表6－2　2014年北京国家会计学院小微企业纳税遵从成本分析

序号	纳税遵从成本（万元）	比例
1	0—5	37.91%
2	5—10	36.38%
3	10—20	13.07%
4	20以上	12.64%
合计		100%

表6－3　影响小微企业发展的因素分析

序号	影响因素	比例
1	人力成本上涨	17.67%
2	原材料成本上涨	14.76%
3	税负增加	12.93%
合计		100%

三、“营改增”后不同规模小微企业税收负担增加分布不均衡

《报告》调查表明，一是税收遵从平均成本与企业规模成反比；二是税收的随意性越高，税收遵从成本越高，在经济不发达地区表现更明显；三是“营改增”政策较为复杂，迫切需要第三方税收中介指导，但又会增加纳税成本；纳税程序复杂，主观随意性和不透明，增加小微遵从心理成本；四是“营改增”购

置税控设备，是新增遵从成本[26]（见表6－4）。

表6－4　不同交易所企业综合税负与所得税税负比较

序号	上市交易所	数量（家）	综合税负比		所得税税负
1	新三板	249	138.89%		32.69%
2	创业板	139	71%	40%（2007年）	18%
3	主板	313			24%
合计		700			

即使“营改增”后，由于小企业依然无法享有进项抵扣政策的税收优惠，且因为不能开具增值税发票而使获得大客户的竞争力大打折扣，更加不利于小企业提高市场竞争力。

从“营改增”的制度设计可以看出，不同产业之间，尤其是制造业和服务业间税负失必然失衡：制造业因有足够的材料设备等进项税额抵扣而税负水平下降，服务业因人力成本占比较高缺乏进项抵扣而税负水平趋于上升，而中小企业由于规模小信用不足，又无法开具增值税专用发票，生存更加困难。这个结果显然有悖于“营改增”的初衷，有悖于转变经济发展方式、调整经济结构的发展需要。

四、纳税人被碎片化，纳税人资金难以集中管理，分头课税导致“过头税”

由于增值税的纳税主体是法人单位，征管实践中强制要求一个组织代码证或营业执照对应登记一个增值税纳税主体，下属分支机构就被登记为无数个增值税纳税人，这与企业所得税以法人为纳税人的征管制度正好相反。其带来的危害是，不同分支机构之间的进项税额和销项税额不能相抵，每个分公司不得不每个月到税务机关递交申报表，并互相对内部调拨物资开具专用发票；由于无法做到“三流合一”，还面临虚开增值税发票的罪名遭受处罚，企业的正常经营秩序被打乱，税收遵从成本无谓增加。

由于各分公司进销项不均衡却不能及时抵扣，一方面要缴纳不该缴纳的销项，另一方面进项自己被占压在国库，占用了企业资金，还可能形成过头税。以连锁超市、加油站等行业经营模式的企业，其经营模式是盈利模式被税收体制彻底推翻无法持续。对于房地产和建筑业企业，由于注册地和工程所在地跨地区经营，增设的“所在地预缴增值税制度”，加大了两大行业的资金和税收压力。

总之，“营改增”在税制设计中，由于没有考虑中小企业的税收遵从成本，或者一味只以征收效率为目标的制度设计，在实际运行中，对企业的正常经营产生了冲击，并没有给出解决方案或备选政策，而强制企业适应以减负为名义，实际不考虑纳税遵从成本的税制改革政策。为保护企业正常经营，有关税制完善方案亟待出台。

第四节　“营改增”企业纳税遵从成本变化原因分析

“营改增”从整个社会整体税负测试，是具有减税效应。但具体到不同行业和不同规模的企业，在政策设计上产生税负不均衡。尤其是税收抵扣政策与企业的盈利模式、风险控制体系和组织管理模式产生的矛盾，增大了企业的组织管理成本。同时，小规模纳税人由于不能开具专票而在竞争中处于不利地位；而一般纳税人由于政策的复杂性增加、程序繁复及管理进项抵扣发票管理和违规成本增加，纳税人的纳税遵从成本大幅度增加，实际综合税负大大超过营业税[27]。具体分析如下：

一、对税制改革的社会综合效益研究不足

我国关于税收成本的理论研究不足，并与中国财税实践之间脱节，没有紧跟税制改革推进的过程，起到指导和完善顶层设计的作用。“营改增”的制度设计论证大多基于减税层面，缺乏更全面的对企业纳税遵从成本的全面论证。

由于房屋租赁费、过路过桥费等占物流企业成本较大比重的费用，这些行业未纳入增值税抵扣范围，个体运输业户不能开具增值税发票问题显得突出。“三流合一”的强制征收办法，显然不利于企业三方之间直接交付货物，而加大了企业的物流运行成本，不利于企业发展。

物流成本高企是目前我国经济发展的瓶颈之一，这个企业运转的成本之一，有时占有的比例还很高。中间商或代理商为节约物流成本，会将货物直接从上家供货方运输到下家购货方，减少中间中转环节，这是普通的商业优化模式，更是真实有效的商业交易行为。但在增值税查收中，却以“三流合一”为由，认定为虚开增值税。实务中，三方抵账、结账，总公司统一付款的情形非常多见，“三流一致”是绝对理想化的模式，只适合简单的经济贸易模式，与当前我国促进市场经济发展的制度环境相违背。尤其是服务业、无形资产和知识经济发展，纳税人对“三流合一”证明真实业务发生十分困难。税务机关如果严格查收，因数量众多不具备可操作性，而对真正的虚开查收由税务机关自由裁量，增加了纳税人协调成本，也容易滋生腐败[28]。

二、制度设计造成产业链上下游政策性税负不均，影响整个产业健康发展

房地产业表面看，销项为11%，而进项材料设备等可抵扣17%，在降税方面具有明显的行业政策优势。如果房地产行业大量采用甲供材方式留抵税款，建筑业将进入政策性税负增加状态，加上劳动密集型行业人工成本和零散原材料无法抵扣问题，成为“营改增”产业链条中税负“凸增”的行业，可能变成“营改增”政策性亏损行业。建筑业还存在工程预算无法对进项税额进行准确预算，工程预算造价无法确定等问题，都影响到建筑业业务活动正常开展。

以银行业为例，据测算，“营改增”后商业银行进项税额不多，实际税负可能增加1—1.5个百分点。银行总结了合理避税三大手段：税负转嫁、业务外包和分拆。银行为了抵扣，将不能抵扣的业务分拆外包，只接受增值税专用发票，而小规模纳税人只能借票，否则就接不到业务。这样，就会增加小企业的违规成本，小企业由于无法转嫁税负，而“营改增”的违规成本加大，中小企业税后遵从成本大大增加。

三、“营改增”操作细则不完备，“非基于规则”的税收征管亟须规范

“营改增”过渡期政策如何执行，给企业财务人员带来很多疑问。很多操作细节，税务机关也没能给出明确解决办法，各地税务机关纷纷出台各自的解读政策，各种民间解读和操作版本流传，因此，需要深化增值税改革程序，对行业共性问题及时补充出台相关操作细则，统一全国解释的标准与口径，最大限度减少制度变化对相关行业带来的不利影响，减少操作程序的繁杂程

序，减少企业的违规成本，成为当前政策机关需要考虑的重点。

当前企业业务部门和财务部门都花大量精力进行“营改增”政策的学习，并对业务流程、销售政策、招投标管理等进行梳理，虽然有专家说这个过程可以提高企业管理水平。事实是，企业仅仅由于为了获得抵扣发票，就不得不将企业分拆成几个组织，不仅增加办公成本，内部的交易变成不同经济主体，交易流程变得更加复杂，交易成本必然增加。如果不分拆，小规模纳税人又难以在市场上获得更高的竞争力。生产性服务业的人力资源型行业，如酒店行业，人工成本往往占比较基本又无法抵扣，造成企业税负面临上升压力。业内人士建议细化分工，将部分服务外包的办法，显然会增加企业管理和制度运行成本，对规模不大的企业来讲，被迫为了抵扣而进行分解经营，不利于企业做大做强，而且报税成本显然加大。

当期税务机关发给企业的税改文件长达几百页，填写的各类报表门类繁多，税务机构也不能给予统一明确的解释，尤其是小规模企业和经济欠发达地区，企业的纳税遵从成本无形中增加很多。

四、现行抵扣政策对金融统一管理分散经营的组织模式产生冲击，对金融组织的风险管控能力起到消解作用

金融业现行统一管理机制，同一省市内跨地区管理，无法统一到总行申报，经营收入分散但支出集中，进销项不匹配；内部管理成本和调整成本有较大难度；金融业交易量庞杂，如采取按网点（或分支机构）分别纳税，则在两周（一般为15天）左右的申报期内，所有网点全部完成业务整理并形成规范的申报缴纳数据，对金融业的人力资源、人员水平要求很高，金融业纳税人的税收成本会有很大增加。

金融行业创新产品分类界定问题突出。金融业的创新产品层出不穷，现有产品收入，也难以准确划定到“具体某个类目”下进行税收征管，这将是今后一直面临的问题。综合上述情形，金融业汇总缴纳增值税的意愿较强，还需要在税收政策上给予明确。

五、为减少税负而强拆企业，增加了企业运行成本，不利于企业做大做强

我们对“营改增”前后小规模纳税人税负情况进行比较分析。假设企业收款额为 100 万元，各类附加费 7%，企业毛利率为 20%，企业所得税税率 25%（不考虑小微企业税收 y）；企业无“其他业务收入”。

假设企业可以取得 70% 的抵扣额为 17% 增值税专用发票，企业税负变化情况如下（见表 6－5）：

表 6－5　企业有 70%抵扣额为 17%的发票税负测算表

项　目	营业税	增值税	变动情况
收款额	100	100	无
利润表中营业收入	100	100/(1+11%)=90.09	－9.91%
利润表中所有成本费用（不含税费）	80	80－80×70%/(1+17%)×17%=71.86	－10.18%
缴纳流转税	3	90.09×11%－80×70%/(1+17%)×17%=1.77	－41.00%
利润表中营业税金及附加	100×3%×(1+7%+3%+2%)=3.36	1.77×(7%+3%+2%)=0.21	－93.75%

续表

项　目	营业税	增值税	变动情况
利润总额	100 - 80 - 3.36 =16.64	90.09 -71.86 -0.21 =18.02	8.29%
纳税总额	7.52	1.77 + 0.21 + (90.09 - 71.86 -0.21) ×25% =6.49	-2.40%
税收负担率	7.52%	7.20%	7.2% -7.52% = -0.32%

通过上表可以看出，“营改增”后，当企业可获得70%的17%进项抵扣时，税负降低0.32%。我们知道，以上测算不够全面之处在于：

1. 对于生产服务型企业而言，是以人力资源密集型为特点的，进项材料和设备抵扣较少难以达到70%的抵扣比例；即使有抵扣发票，由于属于其他服务业的抵扣率也达不到17%。

2. 根据表6-1的数据，增值税的纳税遵从成本显然远远高于增值税，如果企业增加3.3%的纳税遵从成本，显然企业必然亏损无疑。

3. 对于“在企业进项税额不够多的情况下，企业选择简易计税方法，可以减轻税制变化带来的不利影响”的说法，对企业不具有可操作性。企业销售额达到500万元就必须是一般纳税人，且不得再变回小规模纳税人，而随着经济发展和通胀增长，企业一项合同额就可能达到一般纳税人标准，选择简易计税方法，并不以企业主管愿望为转移。可见，如果服务行业企业不得不作为一般纳税人的话，考虑到纳税遵从成本，税收负担无疑会增加。现实似乎走向了“税制改革设计”的反面，不利于促进企业做大做强。

第五节　“营改增”对企业整体税负影响及对策分析

“营改增”后，企业税负变化比较大，各个产业之间的税负变化情况不同，有的受益有的有负面影响。

一、产生的积极效应分析

“营改增”从两个层面对经济运行产生良性影响：一是税负减轻对经济行为主体产生激励作用，二是税制优化对经济运行方式进行引导。其中，激励作用更容易产生直接效应，而对产业的影响才更具根本性和深远性。具体分析如下：

1. “营改增”减少行业重复征税，促进服务行业发展。“营改增”后，服务业外购材料、设备、服务承担的进项增值税允许在销项增值税中抵扣，从而避免了服务类企业与上游企业之间的重复征税，减轻了服务类企业的税收负担。

2. 促进经济结构调整和产业层次提升。第三产业规模越大、层次越高，所要求的产业分工越细，形成的产业链条越长，“营改增”对税制环境的改善将更有助于研发服务、商贸物流和融资租赁等现代服务业的发展壮大，促进第三产业整体质量的提升。

3. 总部集聚效应，促进国家竞争力。“营改增”后，进口劳务所负担税款能够纳入国内环节抵扣，从而有利于更好地从国际市场上引进劳务资源特别是技术成果为我所用。大幅度减轻了公司总部为下属企业提供服务的税收负担，使国际性跨国公司总部或地区总部落户上海意愿增强。“营改增”政策规定，提供国际运输服务、向境外单位提供研发服务和设计服务适用增值税零税率；向境外单位提供技术转让、技术咨询等服务免征增值税（财政部和国家税务总局规定适用零税率的除外），实现了与国际通行税制接轨，有效地提高了服务出口企业的国际竞争力，增强了企业参与全球资源配置的能力。

二、部分企业税负上升的原因分析

分为“政策方面原因”和“实际操作”两类原因。根据增值税税收政策的特点，政策应具有持久性，可分为长期性成因和短期性成因或政策可控与不可控。长期性因素很难消失，而短期性因素随着改革的推进和时间的推移将消失；可控因素可以通过政策调整解决，而非可控因素需要企业改变经营模式，提升管理水平来解决。

1. 长期性因素包括固定资产中间投入率，较难改变企业中间投入比率比重偏低是长期性成因，具有持久性。企业中间投入比率由行业特征决定，一般不会发生太大变化。如高新技术企业和鉴证咨询业等的行业成本中人力成本较高的属性是无法改变的。固定资产更新周期较长与“营改增”试点范围有限属于短期性成因，会随着时间的推移而消失。当“营改增”改革全部完成，增值税抵扣链条变得充分完整时，就不存在固定资产投入抵扣的问题了。

2. 一般纳税人和小规模纳税人差异化突出，不利于抵扣减税效应发挥。新的小规模纳税人（原营业税纳税人）税率没有增加，相对原来的5%税率的还有所下降。增值税的一般纳税人的税率显著高于营业税税率，且档次过多。对于大型企业税负的提高可以通过增加资产抵扣化解，但对于中等规模的一般纳税人，税率的相对提高会显著影响企业未来的持续经营能力。

3. 辅助政策的缺失。辅助政策的缺失降低了“营改增”的税务结构融合性，主要体现在激化了地方税收与国家税收不均衡问题，相对营业税税收优惠更灵活，幅度更大，缴纳更方便快捷，地方税务局可以有更多有利于企业的自由裁量权，而增值税税率更高，惩罚更重，也更难合理规避。这也是“营改增”使得企业实际税负增加的部分原因，增值税政策应吸取营业税的有关优点。

4. 抵扣凭证无法获取。某些行业如建筑业材料，多由农民和个体户经营，季节性很强且现金交易多，难以取得增值税专用发票；主要以承包方式为主的交通运输企业，承包司机拒绝获取燃油、修理费等费用的增值税专用发票，其他人力成本、路桥费、房屋租金、保险费等主要成本均不在抵扣范围内，直接影响交通运输业的税负。以劳务为主的服务业，人力成本占 90%，无法获取进项税额，尤其是高校技术研发类企业，开发人员是企业的核心竞争力但人力成本较高，使得“营改增”之后成本显著提高。

第六节 降低“增值税”纳税遵从成本优化营商环境的建议

一、加强税收遵从成本理论研究，指导税改起到促进经济发展的积极综合效应

“营改增”的初衷是为了减少企业税负，促进经济转型。如果降低整体行业税负的同时，加大了中小服务业的纳税遵从成本，将使税改的结果走向预期的反面。这是社会各方尤其是学者

应加以深入调查研究，并提出对策的。当前对于企业加大的纳税遵从成本，没有引起社会各界的重视，在经济下滑背景下，这个问题需要各方面引起重视，认真加以解决。

应对"三流合一"等问题加以完善，发挥税收中性原则作用，保护纳税人在市场中的经营积极性，而不能让税收成为干涉企业经营的看不见的手。

二、完善税制，平衡行业间税负差距

当前税收管理制度上，正式制度供给不足、非正式制度缺乏、税收实施机制不完善。要进一步规范和完善增值税税收制度，平衡与物质生产领域直接相关的第三产业进项税抵扣与生产制造业进项抵扣的不平衡问题。平衡金融业与实体经济的税负平衡问题，阻止金融业将税负转嫁给实体经济。保护实体经济尤其是生产服务型中小企业的发展。

简化增值税税率档数，设立基准税率和一档浮动税率。设置过多档次的税率，不仅使税收征管工作复杂性增加，实际上并没有改变行业税负不均衡的经济运行扭曲状态，没有发挥增值税应有的中性作用。澳大利亚、新西兰实行的都是一档税率；欧洲实行传统型增值税，也只有两档税率。我国目前采用17%、11%、6%和3%四档税率，确实太多，建议参照国际通用做法，简化税率设置。

对中西部"营改增"试点地区建立财政补偿机制。由于"营改增"试点减少了当地财政的收入，同时对试点纳税人增加税负部分进行阶段性补贴又增加地方财政负担，给地区财政支出造成更大的压力；可参考东部地区"先征后返"补助政策，建立"事前补偿机制"，给予3—5年的财政补偿支持。

要进一步扩大进项税额抵扣范围。有些项目尚未纳入增值税改革范围，如政府非税收入项目、过路过桥费，保险费和城市广告牌拍卖费用等，这些可以纳入进项税额抵扣范围。同时，将企业劳务性收入按照生活实际消费的一定比例确定为进项税额，提高可抵扣项目的比重。建议将网络发票纳入“营改增”抵扣凭证列举范围，提高抵扣的时效性。

三、深化征管改革，降低税收稽征执行成本

应出台更加完善的税收征管政策。对业务进行分类，简化抵扣征管手续，对企业进行免费培训，同时给予企业赦免和调整期限，为企业减少纳税遵从压力。对于跨地区分配税款，国税总局的征收管理软件系统可以很容易实现。应进一步完善相关立法，简化抵扣程序，给纳税人以最大的便利。

四、研发不同行业的增值税管理信息系统

“营改增”后，企业应根据新的增值税管理要求，进行合理的税务岗位设置，做好增值税纳税申报及缴纳的准备工作。应编制统一的增值税管理信息系统，涵盖增值税重要风险点及控制措施，增值税财务核算、纳税申报管理，以及增值税发票的管理等。

应建立信息交流和信息披露制度，完善信息交流机制，充分利用信息资源，让纳税人了解税收制度和程序，提供更完善的纳税服务；强化对纳税人的激励与约束机制，对纳税遵从度高的企业，给予税收优惠和自行申报的特殊通道，为其纳税申报提供便利。

第七节　国、地税合并后，减并征收地方附加税的建议

2018 年 6 月 15 日上午，全国国税局、地税局合并且统一挂牌。原来由地方税务局“按增值税和消费税附加征收的教育费附加、城市建设维护税等”，因国、地税合并而出现了重复征收，应予以调整。

一、可能的原因

1. 地方附加税，直接构成企业成本，国、地税合并后重复征收。城市建设维护税、教育费等属于原地方税务局征收，企业会计核算直接计入“企业利润表”和“管理费用”有关科目，直接减少企业利润。国、地税合并后，这部分增值税和消费税的附加税，属于二次重复征收，应尽快调整。

2017 年这两项附加费共计 6000 多亿元。2018 年 1—5 月城市附加税达到 2177 亿元，比上年增长 17.5%。2018 年 1—5 月教育费附加 3000 多亿元。这两项 5177 亿元构成了企业直接成本，直接减免后，对降低企业税收负担和运行成本作用非常明显。

2. 附加税重复征收增加了企业的现金压力。直接减税还减少了企业的现金流支出，在当前企业融资难融资贵的背景下，缓解了企业的融资压力。5 个月 5177 亿元的重复税收支出，对企业是不小的现金压力。

按银行的正常一年期贷款，贷款利率为 4.35%。5177 × 4.35% = 225.2（亿元）。本利合计一年 5402.2 亿元。对企业是

不小的成本负担。

3. 减并附加税比调整增值税税率减税效果更直接、更明显。2018 年 4 月 4 日财政部和国家税务总局发布财税〔2018〕32 号文件：增值税应税销售行为或者进口货物，增值税率降低 1%。这对企业税负影响微乎其微。企业增值税税费在“应交税费－应交增值税”科目核算，降低增值税税率并不会影响企业税收负担。如企业增值额平均为 7%×(1%)＝0.07%，即通过抵扣对企业降低的税负仅为 0.07%。1 亿元的销售额才减税 7 万元，对国家和企业的减税意义不大。

二、建议

1. 应尽快取消实体企业城市建设维护税和教育费附加等地方附加税费，以直接减轻企业负担。

2. 可微调国地分配比例，保证相关财政收入不受影响。增值税、所得税为中央和地方共享税，国、地税合并，应加大税收体制改革和降低企业水手税收负担的力度，可分级调整增值税在中央和地方的分配比例，弥补城市建设维护税、教育费附加等地方税费取消的缺口。目前，增值税在中央政府与地方政府之间采用“五五分成”方案，而城市建设维护税和教育费分别按增值税和消费税的 7% 和 3% 征收，合计为 10%，将央地分成比例调整为 4∶6，即可弥补地方税费取消的缺口。

国、地税合并的主要原因是主体增值税和企业所得税是央地共享，减掉地方税费，税种减少，企业负担降低，有利于税制改革的推进。

完善地方征收协调机制 湖北试点成效渐显

本章根据营业税和增值税的税收特点、纳税人税负计算的理论公式，分析了试点对小规模纳税人和一般纳税人的税负影响因素，尤其是对不同行业税负增加的原因进行重点分析；并采用调研法，文献分析法，以湖北省国税局“营改增”试点的最新数据为依据，对湖北省服务业、运输业、建筑业及金融租赁业、金融业等不同行业的小规模纳税人和一般纳税效应和存在的问题进行分析，提出应对与优化策略。

第一节 扩大“营改增”试点地区 湖北有序推进效果显现

一、对湖北省“营改增”试点分析的研究思路和方法

（一）研究思路

在界定“营改增”的概念，增值税和营业税“税负”“应纳税额”概念基础上，通过对营业税税负和增值税税负的理论介绍，分析两者的差异性和“营改增”的必要性；再利用税负临界点模型，引入国税总局的“成本收入比”对“营改增”后小规模纳税人和一般纳税人及行业的税负变化进行分析；并对理论模型进行修正，使其更符合实际情况。同时，根据2013年湖北“营改增”的数据对湖北小规模纳税人、一般纳税人的税负变化情况进行分析，应用税负临界点模型分析“营改增”的效应。对上海、江苏等地区交通运输、建筑施工、中介服务业等不同行业企业税负变化情况，运用临界点模型进行分析，提出“营改增”应对的优化策略。

（二）研究方法

第一，运用文献研究方法，梳理相关税收政策文献，掌握现代服务业营业税改征增值税的主要政策内容。第二，探索业营业税改征增值税税负变化的机理，根据影响要素建立临界点模型。第三，运用实地调查研究方法进行调查研究，对2013年湖北省“营改增”运行情况进行分析。第四，依据文献法和重点调查法对特殊企业进行调查分析，税负变化情况。第五，运用企业营业税改征增值税对应纳税额大小影响分析的机理，即临界点模型，

系统分析营业税改征增值税对各行业税负变化的影响和效应分析，最后提出相应的政策建议。

第二节 “营改增”抵扣原理与结构性减税初衷分析

“营改增”表面是对税制的改革，实际上是国家推动服务业发展，进行宏观结构调整的重要手段。本书从“营改增”的定义和作用及增值税纳税人税负的影响因素等方面对“营改增”的概念进行了分析。

“营改增”，就是参照国际上通常的做法，结合中国的实际情况，使部分现代服务业由征收营业税改为征收增值税，扩大增值税的征收范围，以完善增值税抵扣链条，并降低增值税税率，进行结构性减税的一项重大税制改革。“营改增”不仅扩大了征税范围，减并了税率，而且规范了计算方法，开始进入国际通行的规范化行列。

2011 年 11 月 16 日，财政部与国家税务总局发布《营业税改征增值税试点方案》（财税〔2011〕110 号）及有关办法，明确从 2012 年 1 月 1 日起，在上海市交通运输业和部分现代服务业开展营业税改征增值税试点。

一、增值税及其计税原理

1. 增值税应纳税税额的计算。从计税原理上说，增值税是对商品生产、流通、劳务服务中多个环节的新增价值或商品的附加值征收的一种流转税。其按全部销售额计算税款，但只对货物或劳务价值中新增价值部分征税。实行税款抵扣制度，对以前环节已纳税款予以扣除。税款随着货物的销售环节转移，最终消费者是全部税款的承担者，纳税人与负税人相分离。

（1）一般纳税人的增值税税额计算。

$$应纳税额 = 当期销项税额 - 当期进项税额 \quad (7-1)$$

销项税额的计算：

$$销项税额 = 不含税销售额 \times 适用税率 \quad (7-2)$$

进项税额的计算：

①从销售方取得的增值税专用发票上注明的增值税税额；

②从海关取得的完税凭证上注明的增值税税额；

③其他按规定计算的准予抵扣的进项税额，如增值税一般纳税人购买农业生产者销售的农业产品，或者向小规模纳税人购买的农业产品，准予按照买价和13%的扣除率计算进项税额进行抵扣等。

（2）小规模纳税人增值税额的计算。

小规模纳税人销售货物或者应税劳务，“营改增”前按照销售额和条例规定的6%或4%的征收率计算应纳税额，不得抵扣进项税额。应纳税额的计算公式是：

$$应纳税额 = 不含税销售额 \times 征收率$$

$$或，\quad 不含税销售额 = 含税销售额 \div (1 + 征收率) \quad (7-3)$$

商业企业的征收率为4%，商业企业以外的其他企业的征收率为6%。

2. 营业税和增值税的税负差异性分析。

（1）征收范围不同：凡是销售不动产，提供劳务（不包括加工修理修配），转让无形资产的交纳营业税。凡是销售动产，提供加工修理修配劳务的交纳增值税。

（2）计税依据不同。增值税是价外税，营业税是价内税。

增值税是对本环节增加值缴税，而营业税则是以营业额和销售额作为税基计算缴纳。

由于营业税是以营业额乘以相应税率来直接计算应缴纳税款，对于营业额中已缴税的成本部分，营业税存在重复征收问题。而增值税是根据“增值部分”来征收。通俗而言，按照企业的“收入部分”确定应征税额的“销项”后，可以用“成本部分”作为“进项”用来抵扣，抵扣得越多，企业要缴的增值税越少。理论上“营改增”可避免重复征税，减轻企业税负。

（3）两者是并行不相交叉的。增值税征收范围是在中华人民共和国境内销售的货物或者提供的加工、修理修配劳务以及进口的货物。营业税征收范围是纳税人在中华人民共和国境内所提供的应税劳务、转让无形资产和销售不动产。

（4）增值税小规模纳税人的征收率为：6%小规模纳税人（非商业企业）：4%小规模商业企业。而营业税的税率则要根据税目来确定，从3%—20%不等。

二、“营改增”对企业税负影响的理论研究

（一）企业税负的概念界定

“营改增”一个重要目标，是通过减少重复征税，达到降低服务业企业税负，促进服务业发展，实现产业结构调整的目的。因此“营改增”是否成功的核心问题是企业实际税负是否下降，试点是否达到减税的目的。本节对增值税税负的概念、理论计算方法和影响因素进行深入分析。

1. 计算公式。按照国家税务总局中的计算方法，税负率计算公式为：

$$税负率 = 应纳税额 \div 应税销售额 \quad (7-4)$$

2. 税负率的作用。税负率用于衡量企业在一定时期内实际税收负担的大小。从国家宏观调控角度讲，只有相对合理的税负才能保障国民经济的健康发展；从企业来讲，如果实际税负较高，有可能是税率政策问题，也可能是企业管理问题，企业应该查明原因，加强纳税核算管理，避免不必要的纳税损失。

一般行业的毛利率趋于一个平均水平，保持在一个波动区间内，这就形成了增值税行业平均税负率，税务机构习惯把将其作为考核企业经营异常的一个指标。税务部门会定期发布行业平均毛利率和行业警戒税负，可以作为税负研究的参考依据。

本书在研究“营改增”试点中，用“行业平均毛利率”和“税负率”来探讨税改前后企业税负变化的对比依据，并对纳税人缴纳营业税税负与改革成小规模纳税人的税负和一般纳税人的税负进行比较，将小规模纳税人改革成一般纳税人税负的变化进行比较，以论证试点对企业税负影响效应。

（二）营业税的税负计算公式

税负率指纳税人实际交纳税额与其实际收益的比例；而税率则指对课税对象的征收比例或征收额度。

营业税税负率 = 营业税应纳税额 ÷ 营业税销售额
= (营业税计税依据 × 营业税税率) ÷ 营业税销售额　　(7 - 5)

说明：实际业务操作中，由于营业税计税依据中，包含价外费用，而分母的销售额一般取自财务报表，不含价外费用。

（三）增值税税负的计算

增值税负担率 = 实纳增值税税额 ÷ 含税销售额 × 100%（或不含税销售额）　　(7 - 6)

由于增值税有不同的档次的税率，销项和进项税额都受税率水平和权数的影响，因此，同一行业的企业由于业务结构不同，税负水平就会产生差异。

1. 小规模纳税人税负。小规模纳税人，税负率就是征收率：“营改增”前商业4%，工业6%。“营改增”后统一按3%征收。

小规模纳税人的税负水平就是其征收率。

2. 一般纳税人的税负。一般纳税人税负，是销项税额抵扣进项税额，故税负率就不是增值税率，而是远远低于该比例，具体计算：

某时期内销企业增值税“税负率”
=当期各月“应纳税额”累计数÷当期“应税销售额”累计数
={当期[销项税额累计数-(进项税额累计数-进项税额转出累计数)-期初留抵税额+期末留抵税额]+当期简易征收办法应纳税额累计数-当期应纳税额减征额累计数}
÷当期“应税销售额”累计数　　(7-7)

但是，一般纳税人的税负受购买的服务和产品的抵扣税率影响，因此，实际税负要比理论税负的影响因素复杂得多，需要进行深入分析。

(四) 对增值税税负变化的因素分析

由于我国增值税采用多档增值税税率，“营改增”试点尚未在全国和全范围内铺开。纳税人发生多种经营，跨行业或跨地区经营的不同行业对应的行业税负率或高或低，相互之间发生的抵扣税率会有差异，影响实际税负的高低。

1. 增值税税负率与存货的变动关系密切。纳税人期末存货余额与期初存货余额会经常变化，不考虑存货因估价入账，存货的变动与税负率的高低成反比例关系。企业在开办初期，需要购进大批原辅材料，如果销售尚未实现或少量实现，就会出现负申报或低税负。销售淡季或企业清仓拍卖，大量低价抛售存货，增值少税负下降。

2. 销售价格变化，与税负成正比。在季节性促销、供大于求、商业竞争激烈的阶段，产品销售价格降低，会使增加值减少，税负降低。

进货价格与税负成反比。进货价格上涨，可以抵扣的进项税额也会增加，这样，销项税减进项税的差额也就少了，税负率就降低了。

3. 从增值税理论税负的公式来看，一个较长的时期内，决定企业增值税税负的因素有两个：一是产品的毛利率，与增值税税负与产品的毛利率正向相关；二是产品的成本结构，即产品成本中，材料、可抵扣制造费用、工资成本、不可抵扣制造费用等占产品成本的比例构成，当“材料及可抵扣制造费用”占产品成本的比例大时，也就是“工资成本和不可抵扣制造费用”占产品成本的比例小时，所交的增值税就少，反之则所交的增值税多。

4. 增值税税负率的变动要考虑销项税率、抵税率差的因素。同行业、同大类、同小类的不同企业之间，税负率也有高有低。其中，很重要的原因在于征、抵税率差。同为食品加工企业，如购进的原材料是向农户直接收购的，按购进额的13%抵扣；向生产企业采购的产品按17%计算进项税额，显然企业的税负不同。

（五）行业税收负担

行业税收负担，按照统计局的国民经济行业分类，测算某行业的税收与相关税源之比，得到某行业税负。增值税行业税负为某行业增值税与该行业计征增值税销售额之比。

以实缴增值税作为分子计算的是实际税负；以应缴增值税作

为分子，计算的是名义税负。以计征增值税销售收入作为分母，计算的是销售收入税负，以增加值作为分母，计算的是增加值税负。

由于一般纳税人不同税率水平的存在，行业税收的实际负担受更多因素影响。相关产业链的发展成熟度和配套程度都会影响本行业的实际税负水平。在具体分析中，还存在跨地区业务造成的税负水平不同，经济发展水平不同地区，相关行业的一般纳税人和小规模纳税人提供的服务便利不同，也会影响企业取得的抵扣进项税额，进而影响企业的实际税负。

三、“营改增”税负水平理论分析

增值税改革后，对企业税负的影响，与增值税进项抵扣额有很大关系。相同税率的企业，进项抵扣充分的行业，增值税明显降低；而因行业特殊性不能获得充分进项抵扣发票的企业，税负会明显上升。规模越大的企业，这种税负变化越明显。

1. 一般纳税人税负水平的理论分析。一般纳税人的税负率并不是增值税率的 17% 或 13%，根据增值税的计税原理，是对增值额征税，即和会计上的销售毛利率近似，所以增值税的实际税负远远低于增值税率。

目前，税务局是通过采集重点税源户 CTAIS 系统数据来确定税负率的，税收管理员每月根据上级国税机关的税负率发布值逐户排查，对低于发布值的企业开展纳税评估，分析差异产生的原因，其依据就是增值税税负率与销售收入、毛利率有直接关系。

增值税是针对企业增值额征税，而企业经营的“增值额”有销售毛利率、成本毛利率和进销差价等。

（1）增值税一般纳税人“税负率”与“销售毛利率”的关系。

由：增值税税负率 = 应纳税额 ÷ 销售额

= 销售额 × 销售毛利率 × 增值税相关税率 ÷ 销售额

= 销售毛利率 × 增值税税率

得到：　　增值税税负率 = (1 − 成本毛利率)

× 增值税税率　　(7 − 8)

(2) 一般纳税人税负率与“成本毛利率”的关系。

假如企业销项和进项适用一致的税率，且进项可全范围抵扣，有关公式推导如下：

增值税税负率 = 应纳税额 ÷ 计税销售额

= (销项税额 − 进项税额) ÷ 计税销售额

= (计税销售额 × 增值税税率 − 进货成本 × 增值税税率) ÷ 计税销售额

= 增值税税率 − (进货成本 × 增值税税率 ÷ 计税销售额)

(7 − 9)

成本毛利率 = 成本毛利 ÷ 进货成本

= (计税销售额 − 进货成本) ÷ 进货成本

= (计税销售额 ÷ 进货成本) − 1　　(7 − 10)

将式 (7 − 10) 进行转换，得到：

进货成本 = 计税销售额 ÷ (1 + 成本毛利率)　(7 − 11)

将式 (7 − 11) 代入式 (7 − 9) 得到：

增值税税负率 = 增值税税率 − 增值税税率 ÷ (1 + 成本毛利率)

= (增值税税率 × 成本毛利率) ÷ (1 + 成本毛利率)

(7 − 12)

(3) 小规模纳税人的税负平衡率计算。

①小规模纳税人税负：销售额 × 增值税征收率

②一般纳税人税负：销售额 × 增值率 × 增值税税率

假设① = ②，则得到：

$$\text{小规模纳税人“临界点增值率”}(a_0) = \text{增值税征收率} \div \text{增值税税率} \times 100\% \qquad (7-13)$$

此时，一般纳税人税收负担与小规模纳税人相等时的增值率即为“临界点增值率” a_0（见表 7－1）。实际税负大于 a_0，实际税负高于小规模纳税人；低于 a_0，说明实际税负低于小规模纳税人。由于小规模纳税人的增值税税率为 3%，低于征收率 4% 和 6%，因此，小规模纳税人的税负是降低的。

表 7－1　　小规模纳税人“临界点增长率”

一般纳税人税率	小规模纳税人征收率	临界点增值率
17%	3%	17.65
13%	3%	23.08
11%	3%	27.27

由于增值税适用 17%、13% 和 11% 的税率或 6%、4% 的征收率，计算得出临界点增值率有四种形式。

2. 营业税纳税人改增值税一般纳税人“税负临界点”的计算。使增值税税负与营业税税负相等的增值率就是“营改增”的“税负临界点”。

$$\text{临界点销售额}[(\text{增值税税率} \times \text{成本毛利率}) \div (1 + \text{成本毛利率})]（\text{即增值税税负}）= \text{营业额} \times \text{营业税税率}（\text{即营业税税负}）$$

$$\text{即：}(\text{增值税税率} \times \text{成本毛利率}) = \frac{\text{营业额} \times \text{营业税税率}}{(1 + \text{成本毛利率})} \qquad (7-14)$$

$$临界点销售额(增值税税率\times成本毛利率)=营业额\times营业税税率\times(1+成本毛利率) \quad (7-15)$$

$$\frac{临界点销售额}{(增值税税率\times成本毛利率)}=营业额\times营业税税率+营业额\times营业税税率\times成本毛利率 \quad (7-16)$$

$$\frac{临界点销售额}{(增值税税率\times成本毛利率)}-营业额\times营业税税率\times成本毛利率=营业额\times营业税税率 \quad (7-17)$$

将“临界点成本毛利率=临界点销售额×成本毛利率”，代入式（7－17），得到：

$$临界点成本毛利率\times(销售额\times增值税税率-营业额\times营业税税率)=营业额\times营业税税率 \quad (7-18)$$

等式左边括号移到等式右边，得到：

$$临界点成本毛利率=营业额\times营业税税率\div(销售额\times增值税税率-营业额\times营业税税率)$$

即：

$$临界点成本毛利率(b_0)=营业税税率\div(增值税税率-营业税税率) \quad (7-19)$$

分析：实际增值率 $b=b_0$ 时，缴纳增值税与营业税的税收负担相等；当实际增值率 $b>b_0$ 时，增值税税负重于营业税；当实际增值率 $b<b_0$ 时，增值税的税收负担轻于缴纳营业税。

3. “不可抵扣项目”变动对“企业税负率”影响的理论分析。

（1）分析的假定条件：①服务收入为全部收入减除免税收入后的余额；商品价格不变。增值税是价外税，销项和进项的应纳税额均不含增值税金额，且取得增值税发票。②企业的抵扣发票都能正常取得并进行抵扣。③营业税纳税人在“营改增”后税负水平不变，则根据既定增值税率可以测算行业取得的抵扣项目最低额，促进企业加强管理。如果实际操作无法达到一定的抵扣进项，则需要调整增值税率。④理论的不可抵扣项率，取自国税总局发的行业平均利润率，即以企业税负不变为前提，税改后，保持同等的行业最低利润率的理论分析。

(2)“行业平均理论利润率”测算。各行业平均利润率测算结果如下：选择山西、山东、广东、黑龙江、重庆、甘肃等6个不同经济发展程度的省市，对不同地区的各行业平均利润率进行测算。测算结果如表7-2所示。

表7-2　全国平均行业利润率和不同地区行业平均利润率水平

行　业	行业平均利润率	不同地区行业利润率范围	
		取最低值	取最高值
工业	7%	5%	13%
运输业	9%	9%	14%
商品流通业（批发）	3%	4%	7%
商品流通业（零售）	6%	4%	9%
施工房地产开发业	6%	6%	15%
旅游饮食服务业	9%	8%	15%
其他行业	8%		

(3)“不可抵扣理论销售费用率”测算。“不可抵扣销售理论费用率”，是指假定“营改增”后企业税负率不变情况下，企业增值额中因无法取得增值税抵扣发票的全部费用。

该指标根据行业平均销售利润率、“营改增”税负率不变和行业增值税率计算，得使企业税负率不变的“最低不可抵扣销售费用率”，用以判断企业增值额中无法取得抵扣发票的相关费用，如人工费、过桥费等对“营改增”后企业税负的影响程度，进而验证临界点的效应和实际操作的可能性。

“营改增”不变的理论税负率 = 行业平均销售毛利率 × 增值税税率
= (行业平均销售毛利率销售利润率 + 销售费用率) × 增值税税率
= (产品毛利 + 人工成本 + 不可抵扣三大费用 + 无法抵扣的其他成本) × 增值税税率　　(7 - 20)

得到：

临界点销售费用率 = 增值税税负率 ÷ 增值税税率 - 销售利润率　　(7 - 21)

可以判定，行业平均税负率受到增值税率、行业平均销售利润率和行业平均销售费用率三个因素的影响。

(4)“行业的平均理论销售费用率”的计算。

①根据营业税税负率、增值税税率和表 7 - 2 行业销售利润率，代入式（7 - 19），可计算出不同行业平均的销售费用率，得到表 7 - 3，以此判断企业抵扣进项不足或销售费用率过高。

表 7 - 3　　分行业计算的税负不变水平下的行业平均销售费用率

行　业	增值税率	行业平均利润率	税负率	理论销售费用率
工业	17%	7.00%	7.00%	34.18%
运输业	11%	9%	2.75%	16.00%

续表

行　业	增值税率	行业平均利润率	税负率	理论销售费用率
陆路运输	11%	9%	2.50%	13.73%
水路运输	11%	9%	2.65%	15.09%
管道运输	11%	9%	2.75%	16.00%
航空运输	11%	9%	1.86%	7.91%
铁路运输	11%	9%	2.19%	10.91%
建筑业	11%	4%	2.56%	19.67%
商品流通业（批发）	17%	3%	0.90%	2.29%
商品流通业（零售）	17%	6.50%	2.50%	8.21%
施工房地产开发业	11%	4%	4.60%	38.27%
饮食服务业	13%	9%	4.92%	28.85%
研究开发服务业	6%	17%	2.60%	26.33%
物流辅助业	6%	5.00%	2.71%	40.17%
旅游业	6%	5%	3.32%	50.33%
文化创意	6%	25.10%	4.60%	51.57%
鉴证服务业	6%	25%	4.81%	55.17%
邮政	6%	5%	2.19%	31.50%
其他行业	6%	8%	3%	41.83%

②表7-3数据来源的说明：行业平均税负率根据国家税务总局公布的数据行业增值税率；行业利润率大多数采用国税局发表的数据，少部分取自行业主管部门的测算数据，或第三方调查机构的调查数据；工业等行业增值税税负率为国税局发布的参考数据；服务业的税负率取自税务局公布的营业税税负率，是以“营改增”后企业税负没有变化为前提假设的。

销售费用率是根据上述数据，和“销售费用率 = 增值税税负率 ÷ 增值税税率 − 销售利润率”计算而来。该费用不同于会计的财务指标，这里是指“企业增值额”中因无法取得进项抵扣发票的所有费用，和取得的专项发票抵扣率不足而增加的费用。该项指标对企业实际税负率影响非常大。

四、企业增值税税负率与销售利润率的关系分析

根据国家税务总局确定的行业增值税率和行业销售利润率确定后，则销售费用成为影响该行业税负水平的重要因素。即企业是否能确定进项税发票成为企业实际税负高低的决定性因素。企业能够进行进项税抵扣的影响因素较多，如人工成本、水电费等无法取得进项发票，从非增值税纳税人购买商品和劳务也没有进项税抵扣，或者购入进项税率低于销售税率，都会增加企业税负。由于目前改革试点的范围有限，决定了企业增值税的实际税负高于理论税负。

由“销售费用率 = 增值税税负率 ÷ 增值税税率 − 销售利润率”，变换：

销售利润率 = 增值税税负率 ÷ 增值税税率 − 销售费用率 （7 − 22）

1. 分析企业利润率的变动影响因素：（1）企业的销售利润率与增值税率成反比例关系；（2）与行业平均增值税税负率成正比，放大的倍数为 1 ÷ 增值税率，在“营改增”抵扣范围未能全覆盖，税率不统一的情况下，行业平均税负对企业利润的影响按照增值税率的倒数呈放大效应，因此，对企业经营的盈利起决定性作用；（3）企业销售利润率与销售费用率是相反关系，但并非反比例关系，因此，其影响远小于增值税率的影

响；（4）以上三个要素中，行业平均增值税税负对企业利润影响最大，稍小的变化对企业的影响会放大非常大的倍数，甚至可能造成毁灭性的打击。

2. 分析企业增值税税负率与其他三个因素的关系。根据式（7 -7）可知：（1）企业增值税税负的变化和增值税率直接正相关，相关的系数为销售利润率 + 销售费用率，即当销售费用率上升，就会直接导致企业税负率上升，企业利润降低，上升的幅度就是利润下降的幅度；（2）如果不能抵扣的费用项目增多，对增值税税负的影响以增值税率倍数，可见企业税负的增长与增值税率和可抵扣进项的比率直接正相关。

第三节　湖北减税效果明显　但企业实际税负变化不一

——以 2013 年湖北省企业“营改增”数据为例

根据湖北省国税局，对湖北省 2013 年增值税改革试点情况进行的调查分析报告，根据前述的理论模型，对小规模纳税人和一般纳税人的税负变化情况进行分类分析。截至 12 月 31 日，湖北省共有 70804 户纳税人（包含铁路运输和邮政业纳税人，下同）纳入“营改增”试点范围，较试点启动时净增加纳税人 37100 户，增长 110.08%。

一、湖北省试点企业税负变化的宏观分析

“营改增”试点运行以来，湖北省试点纳税人总体结构性减税。根据 2013 年湖北省国税局提供的有关数据，对湖北试点企

业 2013 年税负变化情况分析如表 7－4 所示。

表 7－4　湖北省试点纳税人税收负担增减变化情况表

单位：户、万元

纳税人类型	税收增减净金额	其中：			
		税收增加金额	税收减少金额	税收负担增加户数	税收负担减轻户数
合计	－190669	36146	226815	2046	68688
一般纳税人	－137217	36146	173363	2046	8112
小规模纳税人	－53452	0	53452	0	60576

1. 总体试点运行情况分析。

（1）税收负担总体变化情况：总体减负三成以上。2013 年“1＋7”试点行业累计实现应税服务销售额 1592.57 亿元，应纳“营改增”税额 52.87 亿元，剔除即征即退应纳税额 5.61 亿元后，与原缴纳营业税比较减税净额 19.06 亿元，总体减税幅度 31.95%。

（2）大部分纳税人的税收负担减轻。税收负担减轻或无变化的 68688 户，占试点纳税人总户数的 97.11%，减少税额 22.68 亿元。

（3）两成的一般纳税人税收负担增加。税收负担增加的 2046 户，均为一般纳税人，占试点纳税人总户数的 2.89%，占试点一般纳税人户数的 20.14%，增加税额 3.61 亿元。

2. 小规模纳税人税负变化情况分析。对 2013 年湖北省服务业小规模纳税人的数据进行分析，小规模纳税人实现全面减税，成为试点改革最大受益者，见表 7－5。

表 7－5　　小规模纳税人实际税负表　　单位：元

应税服务项目	2013 年销售额	2013 年税额	计算的实际税负率	销售额占比	占比排序
合计	4848478	145441	3.00		
一、交通运输业	1685737	50548	3.00		
其中：陆路运输服务	1594711	47817	3.00	32.89%	1
水路运输服务	83948	2518	3.00	1.73%	
航空运输服务	1074	32	2.98	0.02%	
管道运输服务	6005	180	3.00	0.12%	
二、部分现代服务业	3162740	94894	3.00		
其中：研发和技术服务	520803	15616	3.00	10.74%	4
信息技术服务	184058	5545	3.01	3.80%	
文化创意服务	919914	27598	3.00	18.97%	2
物流辅助服务	510844	15321	3.00	10.54%	5
有形动产租赁服务	295891	8877	3.00	6.10%	
鉴证咨询服务	700283	21008	3.00	14.44%	3
广播影视服务	30945	929	3.00	0.64%	

在"营改增"之前，小规模纳税人一般按 3% 的增值税计征货物销售增值税，按 5% 营业税计征文化服务业的营业税。

"营改增"试点的增值税税率对不符合一般纳税人条件的小规模纳税人，统一按 3% 的税率征收增值税。

3. 小规模纳税人税额情况分析。湖北省小规模纳税人的平均水平为 3%，符合"营改增"改革初衷，税负整体达到了减负的效果。2013 年湖北省 60576 户小规模纳税人，申报应税服务增值税 104444 万元，与按原营业税方法计算的营业税税额相比，减轻税收负担53451万元，降幅为33.86%，其中，交通运输业减税736万元，现代服务业减税52715万元。

（1）小规模纳税人的户数发展情况。小规模纳税人60580户（交通运输业11422户、现代服务业49154户、邮政业4户），占总户数的85.56%；小规模纳税人申报应纳税额14.54亿元，占增值税纳税总额的27.5%；可见，小规模纳税人数量众多，占全部纳税人的八成以上；缴纳的税款占纳税总额的近三成。

这就说明，从税收来源上，小规模纳税人不是最重要的，但其覆盖面广，涉及所有的现代服务行业，对社会稳定，促进就业和改变产业结构具有重要意义。

（2）小规模纳税人的行业发展情况。从服务行业的销售和缴税情况看，湖北省小规模纳税人中陆路运输比重最大，占32.89%，其次是文化创意类占比18.97%，再次鉴证咨询类占10.54%，最后是物流辅助类10.54%和研发及技术服务占比10.74%。该五类共占小规模纳税人的87.59%，近九成。其他水路运输、航空运输务、管道运输、信息技术、文化创意、物流辅助、有形动产租赁和广播影视等服务业务占比均不到10%，合计不到15%，属于培植阶段的行业。由于湖北省产业结构特点，交通服务业和文化创意业小规模纳税人的减负占80%，效应显著。

4. 一般纳税人税负变化情况及分析。2013年湖北省一般纳税人10224户，占总户数的14.44%，其中，交通运输业2372户、现代服务业7786户、邮政业66户。对相关数据分析如表7-6所示。

表 7－6　　2013 年湖北省一般纳税人税负情况表　　单位：万元

应税服务项目	一般纳税人			占比	占比排序
	销售额	税额	实际税负率（%）		
合计	1614927.15	54838.20	3.40		
一、交通运输业	506071.35	20244.15	4.00		
其中：陆路	296832.15	9654.30	3.25	18.38%	2
水路	54219.75	1033.05	1.91	3.36%	
航空	70103.85	1008.15	1.44	4.34%	
管道	84915.60	8548.65	10.07	5.26%	
二、部分现代服务业	1108855.80	34594.05	3.12		
其中：研发技术	279895.80	10812.75	3.86	17.33%	3
信息技术	93864.45	2856.45	3.04	5.81%	
文化创意	242605.05	6495.90	2.68	15.02%	4
物流辅助	300176.25	7246.05	2.41	18.59%	1
有形动产租赁	82900.95	2743.80	3.31	5.13%	
鉴证咨询	82479.30	3498.75	4.24	5.11%	
广播影视	26934.00	940.20	3.49	1.67%	

5. 各行业一般纳税人的税负情况分析。2013 年湖北省一般纳税人占总数的 15% 左右，申报应纳税额 36.56 亿元，占比 69.15%，即不到两成的纳税人缴纳了近七成的增值税，为主要的税收来源。分行业情况分析如下：

（1）一般纳税人中陆路运输服务、物流辅助服务、研发和技术服务、文化创意服务四个行业发展均衡，四个行业销售额占比均在 15%—18% 之间，四者合计的销售额占比为 69.32%，近七成，形成湖北省主要的支柱产业。

(2) 公路运输为主的相关物料业是湖北省的支柱产业。作为以公路运输为主的“九省通衢”省份湖北，陆路运输和物流服务业的占比为36.97%，其交通物流行业的发展应引起高度重视。“营改增”对交通运输企业税负的影响，直接涉及湖北省地方经济的发展问题，具有非常重要的相关效应。

(3) 其他产业发展空间较大。其余水路运输服务、航空运输服务、管道运输服务、信息技术服务、有形动产租赁服务、鉴证咨询服务、广播影视服务等七个行业规模较小，占比均不到10%，合计共占三成左右。

由于湖北省是教育大省，高校和科研院所资源丰富，但鉴证咨询服务业、信息技术服务产业两个行业的占比均只在5%左右，远远低于公路运输，没有发挥出湖北省智力资源的作用，是否和“营改增”政策相关，如何激励这两个行业发展，需要深入研究。广播影视服务业刚刚起步，需要积极培植。

6. 一般纳税人税负变化的理论分析。根据式 (7-8)：增值税税负率 =(销售利润率 + 不可抵扣理论销售费用率) × 增值税税率，将有关实际和理论税据对比如下：

(1) 理论税负与实际税负变动情况对比。

①测算数据如表7-7所示。

表7-7　　2013年湖北省企业实际税负变化情况

应税服务项目	一般纳税人			税负增加百分比
	实际税负率	理论税负率	差额	
一、交通运输业	4.00%	2.75%	1.25%	31.25%
其中：陆路	3.25%	2.50%	0.75%	23.08%
水路	1.91%	2.65%	-0.74%	-38.74%

续表

应税服务项目	一般纳税人			税负增加百分比
	实际税负率	理论税负率	差额	
航空	1.44%	1.86%	-0.42%	-29.17%
管道	10.07%	2.75%	7.32%	72.69%
二、部分现代服务业	3.12%			
其中：研发技术	3.86%	2.60%	1.26%	32.64%
文化创意	2.68%	4.60%	-1.92%	-71.64%
物流辅助	2.41%	2.71%	-0.30%	-12.45%
有形动产租赁	3.31%	4.92%	-1.61%	-48.64%
鉴证咨询	4.24%	4.81%	-0.57%	-13.44%

②理论与实际情况的差异分析。从表7-7可以看出，管道运输业和公路运输业及研究开发等高技术企业的实际税负上升较大，其中，管道运输在全省经济中的比重较小，产生的影响不大，暂时忽略。对湖北省企业影响最大的是公路运输业，因为是湖北省的支柱产业，税负上升23%，应该对该产业的影响比较大。其次是研究开发，由于湖北省的教育和研究资源大省，这个行业税负增加，不利于湖北省提升第三产业的创新能力，应引起湖北省有关部门的重视。

其他行业实际税负比理论税负均有下降，其中，文化创意产业的受惠幅度最大，由于该行业在湖北省尚属发展阶段，借“营改增”的机会，今后会有更大上升空间。其次是航空和租赁运输，湖北省应为促进其发展，产生更多的经济溢出效应创造条件。

(2) 不同行业不可抵扣销售费用率对比。

①数据测算。将表7-6“2013年湖北省一般纳税人税负情

况表”的“实际税负数据”和表7－3“分行业计算的税负不变水平下的行业平均销售费用率”的“平均销售费用率”数据代入式（7－8），计算在行业实际税负水平下的“平均不可抵扣销售费用率”，将该数据与理论税负水平下的“平均不可抵扣销售费用率”进行比较，分析企业实际抵扣项目对实际税负水平的影响，进而分析“营改增”后企业实际税负的变动情况，见表7－8。

表7－8　　2013年湖北省企业实际税负变化情况

行　业	增值税率	行业平均利润率	实际税负率	理论销售费用率	实际销售费用率	差额	变化
陆路运输	11%	9%	3.25%	13.73%	20.55%	6.82%	33.17%
水路运输	11%	9%	1.91%	15.09%	8.36%	－6.73%	－80.42%
航空运输	11%	9%	1.44%	7.91%	4.09%	－3.82%	－93.36%
管道运输	11%	9%	10.07%	16.00%	82.55%	66.55%	80.62%
研究开发服务业	6%	17%	3.86%	26.33%	47.33%	21.00%	44.37%
物流辅助业	6%	5.00%	2.41%	40.17%	35.17%	－5.00%	－14.23%
文化创意	6%	25.10%	2.68%	51.57%	19.57%	－32.00%	－163.56%
鉴证服务业	6%	25%	4.24%	55.17%	45.67%	－9.50%	－20.81%

②理论与实际情况的差异分析。对表7－8进行分析，首先是管道运输的实际销售费用率远远高于理论值，应对该行业的发展进行更多关注，给予相应的政策性支持；其次是陆路运输不可抵扣项目对企业实际税负的增加影响较大，对湖北省的支柱产业发展影响大；最后是研究开发等高技术企业不可抵扣项目较大，对企业税负影响较大，有关的扶持政策应重点进行倾斜。

7. “营改增”对交通运输业一般纳税人税负影响较大。2013年湖北省“营改增”试点的运行数据分析，一般纳税人进项抵扣更加充分，减税面稳步扩大，税收呈逐月下降趋势。

(1) 交通运输行业税负相对上升比较明显。2013年湖北省试点一般纳税人结构性减税净额13.72亿元。其中：交通运输业一般纳税人2372户，净减税1.19亿元；现代服务业一般纳税人7786户，净减税12.53亿元。

交通运输业一般纳税人2013年申报应税服务销售额337.38亿元，应纳增值税13.49亿元，剔除即征即退企业后，平均税收负担率2.76%，整体税收负担净减轻1.19亿元，减税幅度13.23%，见表7-9。

表7-9 全省交通运输业一般纳税人税收负担变化情况表

单位：户、万元

行业名称	应税服务销售额	应纳增值税税额	换算应纳营业税税额	税收增减金额	其中			
					税收增加金额	税收减少金额	税收增加户数	税收减少户数
合计	2824549	78016	89901	-11885	21072	32957	576	1796
陆路运输服务	1977588	64279	63203	1076	19665	18589	545	1646
水路运输服务	361465	6887	11018	-4131	1030	5161	25	130
航空运输服务	457416	5962	14838	-8876	0	8876	0	6
管道运输服务	28080	888	842	46	377	331	6	14

(2) 运输业税收负担增加的原因主要是税率调整。2013年湖北省税收负担增加的576户，占交通运输业一般纳税人户数的24.29%，占试点一般纳税人户数的5.67%，占试点纳税人总户数的0.81%，累计税收负担增加2.11亿元。

部分企业税收负担增加主要原因：一是交通运输业“营改

增”试点后，适用税率由3%调整为11%，但企业试点前购置运输工具无法抵扣，造成一定时期税收负担有所增加；二是部分纳税人在试点初期对试点税收政策不熟悉，购进环节该取得专用发票未向对方索取，导致进项税额抵扣不充分，随着试点深入推进，纳税人对增值税计算方法的掌握和熟悉，积极调整自身经营结构，优化业务分工，在采购环节主动索取进项抵扣，税收负担增加面将逐步缩小。

（3）税收负担减少情况。2013年湖北省税收负担减轻或无变化的1796户，占交通运输业一般纳税人户数的75.71%，减轻税收负担3.29亿元。交通运输业4个明细行业具体税收负担增减情况如下：

①陆路运输服务净增加税收负担1076万元。其中：税收负担减轻或无变化的1646户，减少税收18589万元；税收负担增加的545户，增加税收19665万元。

②水路运输服务业净减轻税收负担4131万元。其中：税收负担减轻或无变化的130户，减少税收5161万元；税收负担增加的25户，增加税收1030万元。

③航空运输服务业净减轻税收负担8876万元。其中：税收负担减轻或无变化的6户，减少税收8876万元。

④管道运输服务净增加税收负担46万元。其中：税收负担减轻或无变化的14户，减少税收331万元；税收负担增加的6户，增加税收377万元。

部分企业税收负担下降的主要原因是纳税人进项税额抵扣充分，合理选择计税方式。多数公交公司，经营中的油料、购置车辆、维修费等均能取得增值税扣税凭证，主动放弃简易计税方式，选择一般计税方式计算增值税，试点以来，应纳增值税与原缴纳营业税相比，大幅减轻税收负担。

二、现代服务业一般纳税人税收负担降低，减税效应比较明显

（一）总体税负情况

2013 年湖北省现代服务业一般纳税人，申报应税服务销售额 739.24 亿元，应纳税额 23.06 亿元，剔除即征即退企业后，平均税收负担率 3.07%，整体税收负担净减轻 12.53 亿元，减税幅度 35.92%。

1. 税收负担增加情况。2013 年湖北省税收负担增加的 1470 户，占现代服务业一般纳税人户数的 18.88%，占试点一般纳税人户数的 14.47%，占试点纳税人总户数的 2.08%，累计税收负担增加 1.51 亿元。

2. 税收负担减轻或无变化。2013 年湖北省税收负担减轻或无变化的 6316 户，占现代服务业一般纳税人户数的 81.12%，减轻税收负担 14.04 亿元。

（二）行业税收减少情况

2013 年湖北省 7 个现代服务业全面减负，收益效应明显，具体税收负担增减情况如下：

1. 研发和技术服务业净减轻税收负担 24604 万元。其中：税收负担减轻或无变化的 1319 户，减少税收 25842 万元；税收负担增加的 240 户，增加税收 1238 万元。

2. 信息技术服务业净减轻税收负担 14074 万元。其中：税收负担减轻或无变化的 1858 户，减少税收 14757 万元；税收负担增加的 220 户，增加税收 682 万元。

3. 文化创意服务业净减轻税收负担 39207 万元。其中：税收负担减轻或无变化的 1252 户，减少税收 39974 万元；税收负担增加的 276 户，增加税收 766 万元。

4. 物流辅助服务业净减轻税收负担 34418 万元。其中：税

收负担减轻或无变化的 877 户，减少税收 40558 万元；税收负担增加的 337 户，增加税收 6140 万元。

5. 有形动产租赁服务业净减轻税收负担 7396 万元。其中：税收负担减轻或无变化的 236 户，减少税收 10233 万元；税收负担增加的 53 户，增加税收 2838 万元。

6. 鉴证咨询服务业净减轻税收负担 5523 万元。其中：税收负担减轻或无变化的 741 户，减少税收 7176 万元；税收负担增加的 271 户，增加税收 1653 万元。

7. 广播影视服务业净减轻税收负担 67 万元。其中：税收负担减轻或无变化的 33 户，减少税收 1823 万元；税收负担增加的 73 户，增加税收 1756 万元。

（三）具体减税原因分析

1. 增值税的减税效应初显。2013 年湖北省按行业明细看，文化创意服务、物流辅助服务和研发和技术服务净减税额较大，依次为 39207 万元、34418 万元、24604 万元，税收负担减轻的直接原因得益“营改增”试点改革。

广播影视服务业纳入“营改增”后，向其子公司购买节目可以进行抵扣，既解决了之前双重征税的问题，又达到了主业做大，辅业做强的目的，2013 年申报销售额 126557 万元，抵扣进项税额 6851 万元，实现应纳增值税 2685 万元，与原缴纳营业税相比，减轻税收负担 4023 万元。

2. 湖北省一大批纳税人以“营改增”改革为契机，积极完善和优化经营模式，实施专业化营销，增强核心竞争力，最大限度享受到“营改增”带来的红利。

三、“营改增”试点的实际效应及对策分析

从全国“营改增”试点实施两年来，通过统一税收制度、

促进公平竞争，消除重复征税、减轻产业税负，短期和长期积极效应正在逐步体现。

（一）实际效应分析

“营改增”不但消除了企业重复征税，减轻了试点企业税收负担，更为重要的是消除了“产业”重复征税，减轻了“产业”税收负担，促进了高新技术等相关服务业的发展。

实施“营改增”以后，除了减轻企业税负外，对提升企业的各方面经营能力具有积极的推动作用。议价能力提升、设备更新加快、服务外包增多、组织结构调整、竞争能力增强、境外业务拓展等六个方面。

1. 行业定价体系调整，企业议价能力提升。“营改增”的减税政策效应，需要上下游企业之间取得增值税发票可作进项税抵扣才能实现。而增值税发票抵扣所带来的减税利益需要在上下游企业之间进行定价谈判来消化转移。改变了整个行业的定价体系，对试点企业的议价能力提出了更高要求，促使企业议价能力提升。

2. 企业设备更新加快，促进企业装备加快更新换代。“营改增”后，对于进行设备大规模投入和更新的企业，设备更新可以使试点企业进项税抵扣增加，纳税减少、税负减轻，明显加速了企业的设备更新与改造，促进产业升级换代。

3. 服务外包增多，提高专业化分工程度。服务业“营改增”后，接受其他企业的服务可以进行增值税进项抵扣，购买外部服务对企业税负没有影响，消除了服务业为工商业提供服务的税收障碍，有利于推进生产企业服务外包，促进生产制造业与服务业之间的专业分工和协作，促进外包服务产业发展。

4. 促进企业内部组织结构调整，提升专业化服务水平。服务业“营改增”后，企业内部服务部门独立建立法人机构，不影响企业税收负担。分离出来的服务部门为社会提供服务缴纳增值税，下游增值税一般纳税人企业也能抵扣。促进了企业改变业务和商业模式，优化产业分工和相互协作，加快企业向现代服务业的转型和升级。

5. 境外业务拓展。"营改增"后，对境外单位提供技术转让服务、技术咨询服务、知识产权服务、物流辅助服务、鉴证服务、咨询服务均可享受免税或零税率待遇，从而减轻了税负，有利于促进跨境服务贸易发展，对促进我国国际贸易转型升级将产生积极效应，促进服务贸易规模的扩大和结构的调整。

（二）产生的积极效应的原因分析

服务业实行"营改增"避免了试点企业重复征税，减轻了试点企业税收负担；更重要的是，减轻了产业税收负担。

1. 减少行业重复征税，促进服务行业发展。"营改增"后，服务业外购材料、设备、服务承担的进项增值税允许在销项增值税中抵扣，从而避免了服务类企业与上游企业之间的重复征税，减轻了服务类企业的税收负担。

"营改增"增值税一般纳税人及其下游工商企业均可以使用增值税专用发票作为进项税抵扣，减轻了下游工商企业税负。服务业"营改增"后，下游企业一般纳税人，税负减轻，而非增值税一般纳税人不能抵扣，税负不减还有可能增加。小规模纳税人减税幅度大于一般纳税人。对于一般纳税人是改在服务业，利在工商业；而对于小规模纳税人是改在服务业，利在服务业。

2. 促进经济结构调整和产业层次提升。通过为服务业减税、减负促进服务业自身的发展；通过开具增值税专用发票给下游企业抵扣，可以减轻下游工商企业税负反过来促进服务业发展；研发、设计、营销等内部服务从主业剥离，对于高成长、高研发投入、高自主知识产权的系统集成类以及服务类公司最为有利，促使产业层次从低端走向中高端。服务部门从企业内部分离以及外包服务发展有利于服务业经营规模扩大，发挥规模经济效益。

3. 总部集聚效应，促进国家竞争力提升。"营改增"对于试点地区行业细分和服务外包的发展，尤其是总部经济的发展有重大的推动作用。跨国公司在设立区域总部时，一般会把 IT、财务、人事和研发等功能集中到地区总部，由部为下属子公司或分公司提供服务，"营改增"之后，总部为下属企业提供服务开具增值税发票，可在下属企业作进项税抵扣，大幅度减轻了公司总部为下属企业提供服务的税收负担，使国际性跨国公司总部或地区总部落户上海意愿增强。

"营改增"政策规定，提供国际运输服务、向境外单位提供研发服务和设计服务适用增值税零税率；向境外单位提供技术转让、技术咨询等服务免征增值税（财政部和国家税务总局规定适用零税率的除外），实现了与国际通行税制接轨，有效地提高了服务出口企业的国际竞争力，增强了企业参与全球资源配置的能力。

（三）交通运输和租赁等部分企业税负上升的原因分析

影响税负增长的原因包括税收制度的问题，实际与理论税负率差异和进项税增值税专用发票难以取得等各种原因。可将其分为政策方面原因和实际操作原因等两类原因。

根据增值税税收政策的特点，政策应具有持久性，但所有原因分为长期性成因和短期性成因或政策可控与不可控。长期性因素很难消失，而短期性因素随着改革的推进和时间的推移将消失；可控因素可以通过政策调整解决，而非可控因素需要企业改变经营模式、提升管理水平来解决。

1. 长期性因素包括固定资产中间投入率，较难改变企业中间投入比率比重偏低是长期性成因，具有持久性。

企业中间投入比率由行业特征决定，一般不会发生太大变化。如高新技术企业和鉴证咨询业等的行业成本中，人力成本较高的属性是无法改变的。固定资产更新周期较长与“营改增”试点范围有限，属于短期性成因，会随着时间的推移而消失。

当“营改增”改革全部完成，增值税抵扣链条变得充分完整时，就不存在固定资产投入抵扣的问题了。

交通运输业所用的车辆和融资租赁行业的租赁设备绝大多数是在“营改增”之前购入，无法作为进项税额用抵减，成为企业的巨额负担，使得税负大幅提高。由于融资租赁主要是以长期出租赚取租金的性质，在初始购买设备价款之上承担17%的进项税，不仅加大租赁公司的成本，更是提高整个行业的风险，将这部分转嫁给承租人，高额的租金将使得该行业彻底失去市场存在价值，其后果将会更加严重。

2. 一般纳税人税率高于新增小规模纳税人，不利于公平竞争。原营业税纳税人新转变的小规模的纳税人，税率没有增加，相对原来的5%税率的还有所下降。但是，增值税的一般纳税人的税率显著高于营业税税率且档次过多。对于大型企业税负的提高可以通过增加资产抵扣化解，但对于中等规模的一般纳税人，税率相对提高，会显著影响企业未来的持续经营能力。

3. 地方辅助政策需要及时跟进。辅助政策的缺失，降低了“营改增”的税务结构融合性。主要体现在激化了地方税收与国家税收不均衡问题；相对营业税税收优惠更灵活，幅度更大，缴纳更方便快捷，地方税务局可以有更多有利于企业的自由裁量权，而增值税税率更高，惩罚更重，也更难合理规避。这也是“营改增”使得企业实际税负增加的部分原因。增值税政策应吸取营业税的有关优点。

4. 进项抵扣凭证获取困难。由于某些行业具有特殊性，上游非经营单位以自然人为主，难以获得进项抵扣发票，如建筑业材料，多由农民和个体户经营，季节性很强且现金交易多，难取得增值税专用发票；主要以承包方式为主的交通运输企业，承包司机拒绝提供燃油、修理费等费用的增值税专用发票，其他人力成本、路桥费、房屋租金、保险费等主要成本均不在抵扣范围内，直接影响交通运输业的税负。

以劳务为主的服务业，人力成本占90%，无法获取进项税额，尤其是高校技术研发类企业，开发人员是企业的核心竞争力但人力成本较高，使得“营改增”之后成本显著提高。

第四节　关注湖北省物流行业　实际税负有特殊变化

2013 年 5 月底，财政部和国税总局联合发出《关于在全国开展交通运输业和部分现代服务业营业税改征增值税试点税收政策的通知》（财税〔2013〕37 号，以下简称《通知》），明确了 2013 年 8 月 1 日起“营改增”试点扩至全国的相关税收政策。试点几个月的结果表明，中小运输企业减税负担较大，道路客运企业税负保持稳定，但一般纳税人的货运企业由于成本抵抗的商品税额少，税负增加。以年营业额 100 万元为分界线，100 万元以上的企业税负普遍有所增加，对于竞争充分的物流行业利润不高，“营改增”后税负上升，尤其欠发达地区没有足够的财力，地方政府不具备补贴条件，物流企业生存堪忧。

一、原因分析

造成大型物流行业实际税负不降反增的主要原因是大型物流

企业不能享受简易征收政策，符合进项税抵扣规定的成本占比较低，而实际税率提高，使实际纳税额增加：

1. 根据增值税抵扣规定，道路运输业各项营运成本中，只有新购车辆、车辆维修、燃油等支出能作进项税抵扣，不足成本的 40%，而其中的油料消耗，九成机打小票来自非定点加油站，很难取得增值税发票进行进项抵扣。

2. 运输企业属于劳动密集型企业，人工成本高却不能抵扣，人工费、路桥费、保险费、场站租赁费、安保费，较多的罚款和汽车年检费等占成本 50%—60% 的支出不属于抵扣范围。

3. 适用抵扣的应税额减少，运输企业的经营收入含自营车辆和挂靠车辆，其中挂靠车辆的挂靠费不能抵扣成本，更新固定资产纳入可抵扣项目，但湖北省大部分企业为老国有企业或国有改制企业，可抵扣进项占销项税额比例较低。

4. 抵扣票据难以取得。外地修理费和油料费，外购的货物或服务都难以保证取得增值税发票，以上不能抵扣的成本合计占比八成以上。

5. 相关产业链中装卸搬运服务和货物运输服务从 3% 的营业税税率调整为 11% 的增值税税率，使成本上升，以上各种原因造成了湖北省交通运输企业税额的普遍增加，增幅接近一倍，有的增幅甚至近两倍。

6. 一些重复征税也提高了物流企业税负成本。物流园区出租仓库，既要按照租金收入缴纳 5% 的增值税，又要缴纳 12% 的房产税，合计 17%；另外还要缴纳土地使用税等，税收约占收入的 25%。

二、建议

“营改增”的目的是未来消除重复纳税，但实际税负却有增加，随着航空、铁路的冲击，河北省道路客运企业处于微利和亏损状态。为此建议：

1. 加快制定湖北省“营改增”财政补贴政策。目前，上海、北京、安徽、江苏等试点地区针对交通运输行业税负增加的情况，已经出台了相应补贴政策。上海已出台具体补贴方案，标准大致是企业税负累计超过3万元，由财政部门补贴70%，在年底再进行清算。从目前公开的政策来看，几乎所有试点省市都提到会有“过渡性财政政策”进行配套。因此，建议湖北省参照先期已试点“营改增”城市，制定政策，尽快给予河北省大型运输企业财政补贴。

2. 积极向财政部和税务总局建议扩大交通运输物流业执行简易征收政策的企业范围。税率大幅度提升、相关财政补贴迟迟不到位、抵扣操作流程不明确等“营改增”过程中存在的问题，让物流企业头痛不已。各省都在积极争取交通物流行业按3%税率简易征收，但这一方案需国务院批准，湖北省相关部门应与其他省份一起，积极向国务院反映，推进交通运输企业的税收优惠政策进一步落实。

3. 扩大“营改增”范围，增加交通物流企业的进项税抵扣项目。财政补贴只是一个过渡政策，在全面推行“营改增”后，交通运输企业的实际税负仍不能有效减轻。因此，建议将“营改增”范围扩大至与物流运输行业密切相关的上下游其他行业，增加交通运输企业的抵扣项目，切实减轻企业实际税负，如过桥过路费，可进行核定计算抵扣。交通运输行业应作为相对独立的行业税目对待，凡涉及运输、仓储、货代、快递等物流环节，均应视同综合物流业务，其应税劳务全部纳入增值税征收范围，以支持物流业一体化运作。同时，执行相同的抵扣标准，堵塞利用假发票的骗税行为。取消运输企业自开票限制，促使企业更大限度整合社会物流资源。

4. 引导企业加强内部管理、调整经营模式，促进企业向规范化方向发展，对生产性服务业，引导将生产性服务业外包或剥离，通过主辅分离提供业主核心竞争力。

第五节　税负变化因行业而异　进项抵扣发票是关键

一、交通运输业税负增长情况分析

（一）税率增加情况分析

相关产业链中装卸搬运服务和货物运输服务从3%的营业税税率调整为11%的增值税税率，使成本上升，以上各种原因造成了我省交通运输企业税额的普遍增加，增幅接近翻倍，有的增幅甚至近两倍。

（二）成本不可抵扣项比例高

车辆维修、燃油等支出能作进项税抵扣的金额不足成本的40%，而其中的油料消耗，九成机打小票来自非定点加油站，很难取得增值税发票进行进项抵扣；人工费、路桥费、保险费、房屋租金等占成本50%—60%的支出不属于抵扣范围；其中37%的企业过路过桥费占运输成本比重超过40%，因没有纳入改革范围，得不到抵扣，增加了企业的税收负担。外包业务因试点后小运输企业或个体户无法提供交通运输专用增值税发票而不能抵扣，以上不能抵扣的成本合计占比八成以上。

（三）重复征税，提高物流企业税负成本

如物流园区出租仓库，既要按照租金收入缴纳5%的增值

税，还要缴纳12%的房产税，合计17%；另外还要缴纳土地使用税等，税收约占收入的25%。例如，江西长运股份有限公司2012年货物运输业务中，人工成本平均占7.8%，其他运输成本占26%，可抵扣的燃料、修理等费用部分所占比例不到一半，旅客运输业务可抵扣部分所占比例更小。

（四）资产抵扣情况分析

1. 运输企业的车辆更新存在周期，一般购买运输工具周期是5—10年，实施新的改革后，很多前期购进的设备难以有大的抵扣，如飞机、船舶等购买价格非常昂贵的运输设备，如果在改革之前购置，在“营改增”初期就会出现销项税额相对较大，可抵扣进项税额较小的情况。因此，改革的减税效应需要放在一个较长的区间来评估。

2. 凭票抵扣制也使得运输企业在运力不足寻找外包企业时，会更多选择能够提供增值税专用发票的规模较大的企业；同等价格下，下游企业也更愿意购买安全可靠、能够提供增值税专用发票的正规运输公司的服务。这会促进运输行业的整合，改变只有“一张桌子一部电话”的小物流公司充斥市场的乱象。

二、建筑业企业税负增长的效应分析

试点工作自2012年1月1日开始。实际工作中，企业可取得的抵扣发票与理论相差较远。

（一）建筑料工费成本来源方式多，增值税进项税额抵扣难度大

1. 有些较大工程的主要材料或大宗材料如果由甲方（建设单位）采购，再调拨给施工企业使用，可取得的进项税额就少，实际税负明显偏高。工程项目分散，所处地域偏僻，面对的供应商及材料“散、杂、小”，基本由个体户、小规模纳税人供应，无法开具增值税专用发票，材料进项税额无法正常抵扣，使建筑业实际税负加大。

2. 建筑劳务费增加税负。建筑工程人工费占工程总造价的20%—30%，主要来源于成建制的建筑劳务公司及零散的农民工。建筑劳务公司取得劳务收入按11%计征增值税销项税，却没有进项税额可抵扣，与原3%营业税率相比，增加了8%的税负；农民工提供零星劳务产生的人工费，也没有增值税发票可抵扣进项税额，加大了建筑施工企业人工费的税负。

3. 动产租赁业增加建筑业税负。新的税改方案中，与建筑业密不可分的机械设备、设施料租赁均属于动产租赁业范畴，增值税率为17%。目前，租赁业已经采购的资产没有增值税进项税，企业将背负17%的高额增值税税负，而租赁业利润率普遍低于增值税率（17%），只有放弃增值税一般纳税人资格，转为小规模纳税人或个体户，缴纳3%的增值税。但是，租赁业转为小规模纳税人后，下游的施工企业可抵扣的进项税额将减少，而加大施工企业实际纳税额，增加建筑业税负。

三、发票的收集和认证工作难度大

施工企业与传统生产制造企业的业务模式和客户类型差异较大，施工项目工地分散在全国，材料采购的地域也相应分散，材料管理部门多而杂，每笔采购业务都要按照现有增值税发票管理模式开具增值税发票，且材料发票的数量巨大，发票的收集、审核、整理等工作难度大、时间长。按现行制度规定，进项税额要在180天内认证完毕，其工作难度非常大。

四、税制改革对联营合作项目冲击大

施工企业内部普遍存在联营合作项目，部分合作方不一定是

正规企业或是自然人，没有健全的会计核算体系，采购的材料、分包工程、租赁的机械设备和设施材料基本没有正式的税务发票，增值税可抵扣的税款较少，缴纳的税款较多，工程实际税负有可能达到6%—11%，超过总包方的管理费率，甚至超过项目的利润率，总包方和联营合作方都将无利可取，涉税风险会威胁到联营合作项目管理模式的生存和发展。

第六节　降低制度性交易成本　释放“营改增”改革红利

一、政策层面的完善优化策略

1. 以“营改增”为契机，完善财政体制和财税政策。“营改增”后，地方政府财政收入明显受到影响，地方非税收入飞涨等问题出现，营商环境优化的呼声渐高，应扩大地方财政收入渠道，加快培育房产税和资源税，并根据地方税收变化，适时调整增值税共享比例和完善中央对地方的转移支付制度。

2. 简化增值税税率档数，设立基准税率和一档浮动税率。增值税可消除重复征税，降低企业税负，但设置过多档次的税率，不仅使税收征管工作复杂性增加，实际上并没有改变行业税负不均衡的经济运行扭曲状态，没有发挥增值税应有的中性作用。从长期来看，多档税率会影响下一步改革和国家经济运行。从国际来看，澳大利亚、新西兰实行的都是一档税率；欧洲实行传统型增值税，也只有两档税率。中国目前采用17%、11%、6%和3%四档税率确实太多，建议参照国际通用做法，对劳动密集型、技术密集型企业等行业设立3%为基准税率，一般纳税人采取5%或6%的一档浮动税率，建议将提供有形动产租赁服务17%、交通运输服务11%的试点税率分别下调6%，保证绝大多数企业税负水平降低。

3. 对中西部“营改增”试点地区建立财政补偿机制。由于“营改增”试点减少了当地财政的收入，同时对试点纳税人增加税负部分进行阶段性补贴又增加地方财政负担，给地区财政支出造成更大的压力；参考东部地区“先征后返”补助政策，建立“事前补偿机制”，给予3—5年的财政补偿支持。

4. 要进一步扩大进项税额抵扣范围。有些项目尚未纳入增值税改革范围，如政府非税收入项目、过路过桥费，保险费和城市广告牌拍卖费用等纳入进项税额抵扣范围。同时将企业劳务性收入按照生活实际消费的一定比例确定为进项税额，提高可抵扣项目的比重。目前已将网络发票纳入“营改增”抵扣凭证列举范围，提高抵扣的时效性。

二、企业层面应对“营改增”的经营策略

这次“营改增”涉及交通运输业和生产性服务业，为下游一般纳税人完善抵扣链条、减少重复征税、降低税收负担取得了明显成效。部分企业税负上升，除政府需要出台有关政策外，也需要企业积极努力适应改革的需要。

1. 对下游的供应商进行重新选择。企业应对现有及潜在产品和劳务供应商进行全面梳理，了解业务流程和服务的方便程度，尽量选择一般纳税人，争取进项税抵扣最大化，为企业带来竞争优势。

2. 企业分立、外包服务加大进项税抵扣。根据企业所在地区的经济发展状况，对企业的内部业务进行分立或分散经营，专业人做专业事；对混合销售行业区分不同税率水平，按行业合理

拆分经营；对兼营项目实行独立核算，改变组织形式成为独立的纳税主体，最大限度地使用税法的现行规定，延伸上下游抵扣链条，扩大企业的进项税抵扣。

将内部职能部门进行外包，可以使工作薪酬等项目包括人事工作、财务工作、后勤工作等分包出去，转而成为企业的进项抵扣，同时降低部门管理成本，提高企业的经营效率。

3. 充分利用小规模纳税人的优惠政策。对于试点过程中进项税抵扣取得困难，上下游产业链小规模纳税人居多的企业，如果难以享受到抵扣的优惠政策，不如成立新的小规模纳税人，达到有效减轻企业的税收负担的目的。

4. 调整定价体系，提高议价能力，通过定价策略转嫁税负。如果下游企业是增值税一般纳税人，互相抵扣的效应产生，可以充分利用增值税的政策优势，提高企业利润率。

5. 申请政府过渡性财政扶持。企业在努力实现减税的同时，应积极主动了解政策，申请财政补助。尽管财政补贴并非企业维持现有发展的长远之计，可以为企业适应改革，整合组织结构和调整产业结构赢得空间，帮助企业顺利度过试点的政策调整期，扩大生产。

《金砖国家发展报告（2013）》披露，中国是金砖国家中唯一服务业占比不足 50% 的国家。随着金砖国家经济发展和收入水平的持续提高，第三产业的比重也在不断提高。“营改增”是我国税制改革与结构性减税的重要内容之一。“营改增”既可能催生地方主体税种和地方税体系的重建，也可能催生直接税体系建设的提速；既可能倒逼分税制财政体制的重构，也可能倒逼包括经济建设、政治建设、文化建设、社会建设、生态文明建设和党的建设等在内的新一轮全面改革的启动。营业税改征增值税试点于 2012 年正式拉开帷幕，给企业带来了实际的收益，企业税负有了明显降低；长期效果是能够打通增值税抵扣链条，购进的服务、劳务、货物等进项税额都可以得到抵扣，鼓励企业投资、进行技术创新与产品更新换代，为现代服务业发展创造出更大的空间，带动所在行业及关联行业整体发展，并以经济发展创造更多税收。“营改增”试点以来，各行业企业税负普遍降低，经济社会效益明显，扩围、增速全面推进成为不可逆转的趋势。但是，在试点过程中存在的实际操作和政策完善问题，是今后顺利推进改革不容忽视的问题，如纳税人身份选择、税率选择和进项税额抵扣范围确定、协调中央与地方财政关系、国地税税务机构设置整合与税收征管的统一等难点，需要尽快解决。作者从我国增值税发展历程，“营改增”试点取得的成绩和出现的问题出发，进行了全面的梳理和分析。不仅对改革试点的主要行业不同规模的企业税负情况进行了分析，而且根据“营改增”的初衷和面临的问题，从企业、税务机关和政策层面，对“营改增”对社会经济的效应进行了全面的深入分析，并提出最优应对策略。

第八章 建立全球化合作机制　助力全球营商环境改善

“营商环境国际化、公开化、法治化是建设一切营商环境软硬件的最高标准，也是当下中国最务实最迫切最需要的，同时也是中国进一步改革开放所需要的。”“要把 WTO（世界贸易组织）、FTA（自由贸易协定）的国际营商环境标准一步到位地引过来”（中国国际经济交流中心副理事长，黄奇帆）。2019 年以来，我国《2019 年政府工作报告》、2019 年 3 月 26 日国务院召开常务会议，都把优化营商环境作为重点工作。

“建立透明、高效、稳定、可预期的税收合作机制，构建增长友好型税收环境”，是 2019 年 4 月第一届“一带一路”税收征管合作论坛《乌镇声明》的新机制目标。《乌镇行动计划（2019—2021）》，各成员国旨在未来两年共同加强税收法治建设，提升税收争端解决效率，推动税收征管能力建设，并通过税收征管数字化简化纳税遵从，共同提升纳税服务水平，建立优质的国际化税收营商环境。

国家税务总局《全国税务系统进一步优化税收营商环境行动方案（2018—2022 年）》（税总发〔2018〕145 号）提出行动目标：深化税务系统“放管服”改革，加大税制改革力度，持续推进办税（缴费）便利化改革，到 2022 年，我国营商环境纳税时间指标国际排名达到上游水平，形成充满活力、富有效率、体验更好、更加开放的法治化、便利化、国际化的税收营商环境。

本书关注了 2013 年以来，我国在加强国际税收合作机制，推进改善全球化营商环境方面所做的努力，针对跨国公司避税、非居民缴税、增值税跨国洗钱等问题和风险，进行了分析研究，提出了一些完善税收政策的建议。书中多项建议已经被政策部门采用，并获得有关部门表彰，在推进国际营商环境优化方面贡献了一分力量。

第一节　跨国公司多手段避税　利润转移影响公平竞争

随着经济全球化进程的加快，国际资本为弥补金融危机造成的财政吃紧，国际流动速度加快，我国自 1978 年至 2012 年，吸收外商直接投资共计 12677. 47 亿美元，大量外资促进了中国的经济发展，而跨国公司也在中国收获了巨额利润；但是，跨国公司在中国赚取的收益额与缴纳的税额很不协调，不少外资公司巨额利润是通过避税的方式赚取到的，不仅严重影响了我国的经济收益，而且对于其他在华投资商来说也是不公平的。

G20 领导人峰会曾两次讨论跨境税源的避税问题。2019 年，OECD 还专门出台了《解决税基侵蚀和利润转移行动计划》。随着中国对反避税的高度重视，近年来反避税税收也不断增长，据国家税务总局统计，中国在 2005 年到 2013 年这 8 年间，反避税平均个案由 127 件增至 2177 件，反避税带来的税收由 2005 年的 4.6 亿元增至 468.6 亿元，与日俱增的避税案件和高避税额给国家税务部门敲响了警钟。

一、目前存在的问题

1. 跨国公司避税的通常方式。常用避税方式主要有三种：一是转让定价，即在内部交易中操控价格实现高进低出，减少在高税国的利润；二是资本弱化，通过提高该公司的债务融资比重，对外显示公司资本实力不足，需要享受税收国的优惠待遇，从而在内部实现利润的转移；三是通过在高税国分摊更多的研发费用和管理费用，从而降低该跨国公司实际缴纳的税款。发达国家的大型公司税务会计，对公司工厂等资产的折旧，会在一定程度上加大实际账目数额，以此措施来减少该公司在当地国家的税收。

2. 国内“走出去”企业新型避税技法，造成税收流失。“走出去”企业设立特殊目的实体（SPES）——即壳公司，达到融资或投资的目的。需要资金时，只能依靠境内实际控制方，促成境内实体通过各种途径实现资金往境外转移的必然性。企业利用多种金融工具多途径，实现境外关联公司融资目的时，不但利用各国税制差异从整体上实现税负最低，同时也实现了列支利息或手续费来侵蚀国内所得税税基，变相提前分配利润。例如，某申请双边 APA 企业，利用人民币对美元呈总体升值态势，通过在采购环节锁定结算汇率、收取延期付款利息两种方式，导致中国企业采购成本增加近 3 亿元。对于合同中锁定结算汇率问题，如何进行量化调整需要从反避税技术上做出进一步研究和探索，以应对跨国公司的高端税收筹划。

3. 避税港型离岸金融中心资本流失和监管难度加大[29]。目前我国有外资企业 40 多万家，跨国公司设立的研发中心和地区总部等功能性机构达到 1600 余家。跨国公司的避税手段愈加复杂隐蔽，呈现出企业税收贡献与资源占用不匹配、中国企业贡献与获得回报不匹配等现象。出于税收的考虑，跨国公司的融资行为更偏好债务融资方式。跨国公司利用政策边界形成隐性资本弱化，“合法合规”地侵蚀我国税基、转移利润。特别是跨国公司对境内所有子公司进行通盘税收筹划时，更应做好税收主权的维护。

4. 数字经济领域无形资产多、全球传播等特点，使得跨国公司的职能部署、竞争战略都跨越了地域、时间的限制，集团统一制定战略和政策框架，不同国家的法人实体共同进行税收筹划，使对风险的实际承担方在经济实质上进行认定成为一个技术难题，滥用税收协定、滥用公司组织形式及通过公司转移而不断享受减免税优惠等措施避税，成为必须解决的国民经济安全问题。

二、跨国公司避税所带来的影响

1. 对我国国民经济健康发展产生负面影响。减少国家税收，跨国公司利用中国的消费市场赚取利润如果按照正常的纳税程序会给国家税收增加一笔不小的收益，但是跨国公司的不法行为却损害了中国国家的财政收益。政府的征税权利是与社会公共需求义务相对应的，纳税人通过避税减少税收支出，维护自身经济利益的同时，必然会因使当地国家的税收收入减少而影响政府的公共服务水平。跨国公司在生产过程中，必然产生环境污染和劳动者保障等长远的社会问题，需要政府公共财政解决。很多跨国企业在当地只贡献了名义 GDP，税收却流向了海外，一旦外资撤离，将给当地未来发展留下沉重负担。随着互联网技术的发展，数字经济领域无形资产多、全球传播，如苹果手机拥有众多的收费软件，可以存储在任何国家的服务器上，而苹果公司在很多国家都有注册公司，如何征税就是一个难题。

2. 引起国际资本的非正常流动。在跨国投资经营活动中，跨国纳税人往往利用关联企业间的转移定价等方式控制其在世界各国的企业利润的流向，从而不履行或减少纳税义务，降低跨国企业自身的整体税负，这样会造成国际资本流通秩序的混乱，对国际资本流动产生消极影响。

3. 影响税收国的投资环境。跨国公司的避税行为会对我国投资环境的进一步改善产生不利影响。跨国投资商进行跨国投资的目的是为了赚取利润，一个完善的、投资回报率高的投资环境是投资选择的关键要素。一些跨国公司为避税将企业利润转移到境外，造成我国境内外商投资企业普遍亏损的假象，势必影响外商来华投资的积极性，妨碍我国进一步引进外资和陷阱技术设备等。外国投资企业来中国，最初几年享受减免税政策时，利润率很高可以少缴税，进入征税周期后就通过各种关联交易手段，将利润转移给海外公司，中国公司的利润率就会出现不合理的下降。跨国公司转移出去的利润，大多到了避税地和低税地。

4. 税收国的资源财富不合理分配。跨国公司在我国进行投资所得到的利益是利用我国的丰富的物质资源和人力资源，并逐步占领中国大部分消费市场份额，但是跨国公司为我国所创造的财富与他们耗费的资源严重不协调，他们通过避税的非法手段在应缴的税额上不断扣减，使我国正常收纳的财富大打折扣。而在我国国内资源配置中，不少按额缴纳税款的民族企业却享受不到资源优先利用的优惠，使中国企业遭受极大的不公平待遇。跨国公司在其全球利润分配中，将超额利润均归功于母公司的品牌等无形资产，却忽视了中国特殊的市场要素，以及中国子公司依托于中国市场对母公司全球价值链的特殊贡献，这对中国税收权益是极大的不公平。

三、建议

1. 完善我国现有的法律法规。立法部门从“基础规划、保护措施、程序规则、反制措施”等方面加以扩展反避税立法的内容，针对“避税天堂”避税、资本弱化等避税行为在法律上加以惩治，同时规定反避税处罚措施，以强化反避税立法的威慑作用。需要纳税的跨国公司很大部分正是借助我国法律法规的漏洞将利润转移，从而在我国税务部门查税时少缴税额。国家应该完善现行的转让定价和预约定价条款，允许企业通过签署成本分摊协议分摊集团无形资产开发和劳务服务的费用，增加纳税人提供资料的义务，明确税务部门核定征税条件；有利于保护本国居民无形资产收益，防止侵蚀税基。

2. 实施高效的监管。美国大型公司的税务部门都会准备两本账目供核查，一本是给公司股东核查，一本是给国税局核查，税务会计对公司电脑、卡车、工厂等资产的折旧或减记速度大大超过面向股东的账面会计，从而形成了大量的免息利润。在中国的跨国公司也存在这种情况，想要追究其实际折旧额和实际赚取的利润，国家政府部门就必须采取强制且有效的措施核查跨国公司的税务状况，在法律法规的强制力度下要求纳税人通过资料和相关调查的配合，建立高效的税收队伍，确保税收的高效进行。

3. 特别培养反避税人才。由于跨国公司聘请的企业会计都是国际一流的税务筹划团队，其财务水平较高且善于协同作战，面对如此强大的对手，国家应该紧急培养一批精通业务、善于管理并具有引领作用的复合型高端人才，国家税务部门和审计主管部门要开展反避税培训项目，提高反避税队伍的整体素质，税务机关应当注意经济全球化新趋势、新特点，探讨跨国公司在各国分配利润和成本的新途径，才能适应在新的国际形势下反跨国公司避税监管工作的需要，进一步加强我国在反避税方面的专业性，发挥反避税在国家经济安全中的重要作用。

4. 与更多“避税地”签订税收情报交换协议。在 2012 年中国税务局和圣马力诺共和国外交部部长共同签署了两国政府“关于税收情报交换的协定”。这是我国政府继与百慕大和开曼群岛等签署税收情报交换协定后，对外正式签署的第九个协定。面对更多国家在避税地建立总部利用各种手段避税，我国税务局应当更多地了解这类跨国公司的税收状况，才能更好地打击他们的避税行为，才能更多地增加税收在国民经济中的比重，促使国民经济良好健康发展。

第二节　创新减税降费传导机制　应对美国大规模减税压力

为降低创业创新成本、增强小微企业发展动力、促进扩大就业，2018 年 4 月 25 日国务院常务会议决定，再推出 7 项减税措施。中美贸易摩擦加剧，美国大幅度减税，吸引资金流向高科技技术开发产业。美国政府减税的同时，不惜一切代价，在全球抢人，抢钱，抢产业。复杂的国际环境给我国带来了迫在眉睫的问题。

一、存在的问题

1. 减税政策需要进行法律协调[30]。此次国务院出台的七项减税政策，其中一项规定是“将高新技术企业和科技型中小企业亏损结转年限由5年延长至10年。从2018年1月1日起实施”。

而根据《中华人民共和国企业所得税法》（2008年1月1日起施行）第十八条规定，“企业纳税年度发生的亏损，准予向以后年度结转，用以后年度的所得弥补，但结转年限最长不得超过五年”。根据立法法的规定，“关于国家主权的事项等10个事项只能由全国人民代表大会制定法律。在10个事项之外，如果在法律制定之前，有关立法主体已就相应事项制定了法规，这些法规如果同法律相抵触，则以法律为准。如果没有制定法律，则有关立法主体可以就这些事项制定法规。”

从上述分析看，高新技术和科技中小企业亏损结转年限在《企业所得税法》中已经规定了的，不属于“如果没有制定法律，则有关立法主体可以就这些事项制定法规”。因此，上述国务院的减税政策，实际上突破了人大的立法程序，超越了国务院的立法权。

国务院紧急出台减税政策，既是为了适应国际环境的变化，也是为保护我国企业的全球竞争力，势在必行。突发的复杂国际局势变化，使税收法定的原则受到挑战，应建立完善紧急应对机制，建立临时立法授权机制，来应对危机。

2. 企业所得税法滞后于当前国内外经济社会发展的问题。2008年实施的企业所得税，到2018年，无论立法环境还是国际国内形势都发生了巨大变化，其规定的税收优惠政策范围和内容有些已经不适应环境的变化。随着增值税等税改制度的推行，重复征税问题限制甚至阻碍了经济的发展，如增值税是针对增值额征税，而企业所得税时针对利润（即企业增值额扣除期间费用和营业外收支净额）再征税25%，两者税率都不低，两税同时征收，企业不堪重负。相对比香港等地区只征收企业所得税而言，内地税收体制缺乏全球竞争力，加上超额累进的个人所得税（高级研发人才高薪收入个税达到45%）、沉重的社会保险（社保基数35%）高物价与高房价（员工安家与经营场地支出），内地企业沉重的税费负担，更难以形成的全球竞争力。

在全球化时代，税率高低是相对全球特别是竞争对手而言，绝不是面对本国而言的。为适应国际国内复杂形势的发展，完善以宪法为核心的中国特色社会主义税收法律体系刻不容缓。

二、建议

1. 对《企业所得税法》提起修订。2008年企业所得税立法以来，国际国内形势发生了巨大变化，GDP增长了300%，物价指数每年上涨在1.6%—3%之间。原定的标准和目标发生了巨大变化。随着“营改增”的实施，国际减税呼声高涨，国内企业税收负担问题日益引起各方关注，企业所得税的一些条款亟待调整。同时，数字经济税收征管征收问题，很多国家已经进行了大胆探索，而在数字经济发展最快的中国，有关所得税税源确定和征管问题尚在研讨中。

企业提高产品在全球的竞争力，必须首先提升国家税收政策的全球竞争力。这就需要我们及时对原来的税收政策重新规划和设计。这是当前我们面临的、迫切需要研究和处理的重大问题。因此，建议提起修改《企业所得税法》（2008年）。

2. 提请人大授权国务院出台临时试行的税收法律制度。建议人大尽快提起修订《企业所得税法》，并对涉及经济社会发展直接相关的领域授权国务院部门立法权。

立法应当依照法定的权限和程序。我国人大的立法程序包括：法律议案的提出、法律议案的审议、法律议案的表决和法律的公布四个阶段。按照立法程序，企业所得税法的修订时间相对比较漫长。世界上并没有现成的税收法律制度可供我国借鉴，同时，国际国内经济社会环境不断发生变化，各种法律制度日趋复杂，提升我国税收法律制度的全球性竞争力，既要保持一定的灵活性，也需要维护其法律严肃性。

建议在《企业所得税法》修订中，全国人大应授予国务院部门立法权，为应对国际国内环境的复杂变化，可以在法律规定的范围内出台试行法律，以保持我国税收体制与企业的全球竞争力。

第三节　关注非居民缴税灰色地带，提升国际税收管理水平

——浙江景宁畲族县 8928 万元国际税收款的启示

景宁畲族自治县是全国唯一的畲乡，2017 年 10 月收缴一笔 8900 多万元非居民企业税收，浙西南丽水地区这样的经济不发达的大山里小县城发生重大的国际税收事件，引起广泛关注。浙江省现有侨眷 112 万人，华侨华人 202 万人。丽水地区华侨 33 万多人，分布广泛，遍及五大洲 120 多个国家和地区，随着国家税务总局公告 2015 年第 7 号公告发布，非居民企业境外间接股权转让行为隐含的涉税风险引起了有关部门高度重视，处理不善，或会影响侨商回归等政策落实。

一、当前国际股权转让税收工作存在的问题

1. 法律和相关具体解释文件缺失，影响国际税收征管的权威性和合规性。目前，国际股权转让的相关征收的法律依据是《企业所得税法》，其中所得来源地判定规则和一般反避税条款，其后国税函〔2009〕698 号文（以下简称“698 号文”）赋予中国税务机关有权去否定缺乏合理商业目的的境外中间控股公司的存在，将该间接转让重新定性为直接转让中国企业股权，从而产生了中国税纳税义务。〔2011〕24 号公告（以下简称“24 号公告”）对合理商业目的定义、集团内部重组的豁免以及税收征管程序等问题仍有未明确之处。〔2015〕7 号公告（以下简称“7 号公告”）对 698 号文补充扩大了适用范围，作废了 698 号文及 24 号公告中的部分条款并代之以新的规定，同时还提供了安全港的新条款，规定符合条件的内部重组将不适用“穿透”的税务处理方法。7 号公告进行了规定和完善，关键文字表述界定不清，股权估值方法缺乏明确，造成实务中争议较大，需国家税务总局出台具体解释办法（杜彦林，2017）。将于 2018 年 1 月 1 日开始实施的 2017 年第 37 号公告，在非居民企业履行中国纳税义务、扣缴义务人履行扣缴义务等方面带来重大变化。

但是，以上公告和文件并非法律，《企业所得税法》并未对“我国拥有对非居民企业间接转让中国居民企业所得拥有征税权”予以明确（丁灿榕，2017），相关征收行为缺乏法律依据。

2. 国际涉税案件认定难度大和追缴难度大，容易引发争议，影响侨商社会和谐关系。由于股权转让信息和举证材料难以及时获得，对合理的商业目的判断缺乏证据来源，涉税案件不能及时发现和处理，事后管理和税款追征的难度较大；股权转让判定因素复杂，对合理商业目的判定需要充分信息和较高的专业能力，

中间环节多，计算转让所得和判断境内扣缴义务人并非容易；间接转让形式多样，境内外标的物公允价值和评估价格认定差异较大，受益划分标准不统一，确定合理转让价格难度较大，转让所得计算复杂。

3. 有关规定条款实际执行争议较多，隐含涉税风险较大，管理难度大。纳税人申报流程尚需完善，扣缴义务人履行义务落实难度较大；转让标的架构复杂，实际管理机构和职能机构所在地与实际征税地判定争议较多；间接转让间接股权转让行为隐含的涉税风险增大，增加了日常管理的难度。

4. "一带一路"倡议和新经济，对跨境国际税收征管提出新要求。互联网经济和金融快速的发展，使席卷全球的企业跨境并购重组活动风起云涌。在对外经济开放和"一带一路"倡议推进中，跨国并购不乏各国政府对跨境税源的争夺，特别是一些公司为了获得全球资源配置和价值链优势，借助避税港及复杂的多层次组织架构设计，通过间接股权转让、协议代持股权、滥用税收协定等手段，进行股权转让收益转移现象已经日益十分普遍，税源国际化趋势日益凸显。目前，非居民企业股东转让股权活动日益频繁，单笔税款金额越来越大，国际税收出现新形势、新发展、新特点，国际税收业务量和复杂程度不断增加，国际股权转让涉税金额较大，税源相对隐蔽，对国际税收管理工作提出了新的要求。

二、相关建议

1. 修订相关法律，明确国际税收征管权，完善相关申报和管理工作制度。随着我国吸引侨商回归，对外"一带一路"倡议推进，税收国际化问题应引起重视。应及时修订我国《企业所得税法》中，对我国拥有对非居民企业间接转让中国居民企业所得拥有征税权予以明确，明确税务机关与纳税主体之间的权利义务关系。完善纳税人申报制度和地方税务局管理制度，提高国际税收管理水平。

2. 在侨乡和跨境电商地区优先建设涉税信息共享平台，及时获得非居民企业税收信息。加强与工商、国地税、外汇、金融和商贸等部门联系，建立涉税信息共享制度，规范涉税信息传递，构建非居民企业税源控管体系，是加强国际税收管理的重要方法。通过各部门加齐抓共管，及时了解非居民企业税收相关信息；分析重点税源，密切关注当地上市公司以及当地企业境外关联上市公司的公告等公开信息披露和新闻媒体报道，利用网络资源开展外围取证。

由于国际税收管理实行集中管理，与居民税收管理工作分离，导致税源和案源线索中断，因此，需国际税收管理部门和主管税务分局密切协作，掌握国际税收税源状况，跟踪管理和主动管理。

3. 大力培养和聘用国际税收专业化人才。由于非居民企业股权转让税源管理的专业性、技术性，要不断加大国际税收专业化人才队伍建设。并加大对主管税务分局工作人员国际税收业务的培训力度，强化非居民税源管理意识，及时主动向国际税收管理部门提供案源线索，防范国际税收流失，维护国家税收主权。

4. 加大税收法规宣传力度，帮助企业规避税收风险，主动配合纳税。税务机关积极采取加大税收法规宣传力度，制定非居民企业申报配套措施，建立税企面对面沟通机制，主动帮助企业规避税收风险。帮助企业了解税法，化解矛盾，使其积极主动与税务机关配合。

第四节　密切关注美国减税政策，加快税收减免政策的落实

美国总统特朗普向全世界抛出了一颗重磅炸弹：准备大幅度地降低企业所得税，初步打算将所得税从35%降到15%，针对公司的海外收入，特朗普提出对公司海外收入征收8.75%的特别税收。应引起我们对我国以减税为目的的税制改革的关注。

一、国际国内减税形势新变化

（一）国际减税新动向

第一，美国减税政策实施，或将成为全球减税浪潮的开始。而2016年在杭州召开的G20会议主题就是公共财政，各国间要协调财政政策和税收政策，中国税负能否降低，意味着还能否固守现在已有的国际市场，减税对经济发展具有重要意义。

第二，此举会引起资本回流美国，推动美国整体科技发展水平。企业回迁与外资流出，这对于某些国家来说，是比TPP还要艰巨的一个挑战。资本回流美国，不会投入低附加值产业链，根据美国的全球化战略，会投向技术研发，使美国很快出现重大技术突破，加快其全球化步伐，以技术创新为核心竞争力跨国公司将进一步垄断市场，发展中国家被迫嵌入产业链价值底端。

（二）我国减税政策的实际效应需要增强[31]

首先，十八大提出："财政是国家治理的基础和重要支柱"

“深化财税体制改革，建立健全有利于转变经济发展方式、形成全国统一市场、促进社会公平正义的现代财政制度，聚力推进涉税专业服务创新和升级，才能适应税收治理现代化和法治化的新形势和新使命，更好地服务于现代国家治理、法治中国建设和对外开放战略”。

中央政治局作出从稳定宏观税负调整为降低宏观税负的财税战略调整已有一段时间，要应对国际减税新形势，就需要把中央政治局的决议尽快落实，把握新战略调整的本质内涵，设计出符合新战略的可行实施方案。

中国企业部门的总体税负远高于美国，中国是36%，美国只是32%。相对过高的税负削弱了中国企业运行效率和盈利能力，这是近年来中国企业投资回报率明显下降的重要原因。假如按照现有的税法全部履行纳税义务，并且履行五险一金等其他的非税义务，民企基本无法承受。这些原本创造价值的企业因为税负一下子成为不盈利，基本可以说明民企承受的税负偏高。

二、我国减税战略实施的抑制性要素分析

（一）增值税对减税的主要抑制因素分析

由于增值税配套法律落后，对企业代开发票与“三流合一”认定为“犯罪行为”，存在不当量刑和量刑过重问题，定罪标准不明确，不够科学，纳税人法律遵从成本过高等，抑制了实体经济发展。

（二）企业受自身条件限制难以达到优惠条件，无法享受优惠政策

1. 税收优惠扶持政策并没有完全制度化，按照短期规划来执行，更改频繁。现实征管中大多依据的规范性文件，错综复

杂，影响了企业对税法的准确理解和把握。认定条件复杂，享受到实际的优惠困难。受办税人员业务能力所限、企业自身经营计划失策等原因未履行备案程序，造成优惠政策执行失效。

2. 对财务核算要求过高，要能准确核算收入、成本费用、利润等财务指标，超过小企业管理水平。项目繁多的申报材料成为一些小微企业面对的一项难以应对的障碍。

3. 小企业临界起征点和认定点在实际中得不到执行。小微企业基本上归口于县、乡两级政府和城镇的街道办事处管辖，这两级财政又相对困难，小微企业被视为收费、摊派、集资的重点对象，小微企业不堪重负。

4. 国家高新技术税收优惠政策“优惠难”。

（1）单独核算困难。难以完全准确剥离研发费用、施工费用和人员工资，无法通过税务机关审核；企业其他收入与高新技术产品收入划分不清，或被税务机关认定多申报了研发费用加计扣除的情况，很多企业不仅享受不到税收优惠，还面临税收处罚。为降低税收风险，许多企业放弃了高新技术企业税收优惠，这种情况有蔓延趋势。

（2）特别需要扶持的发展阶段享受优惠难。亏损企业和处于创业期的企业等享受不到优惠政策。高新企业创业需要投入大量研发资金，而研发需要时间，这期间很难产生销售收入和盈利，这个阶段没有税收优惠政策，不利于这类企业发展。

（3）落实人才政策难。个人所得税政策单一，缺乏高科技人才引进的税收优惠政策。特别是创新发明收入缺乏具有可操作性的税收优惠，导致高科技人才的工作积极性不高，高新技术企业难以发展，大量人才流向海外，不利于我国科技力量的发展。

（4）6%的增值税率对软件等高新技术企业税负过重。

5. 促进企业走出去的税收政策分析。

（1）“分国不分项”的抵免问题。“分国不分项限额抵免法”增加企业工作量，增大企业纳税遵从成本，削弱企业实现投资多元化的动机。各国的抵免限额不能相互调剂使用，会造成企业在全球税收负担的提高，从而违背企业资本输出中性原则，造成投资行为的扭曲。

境外应纳税所得额的确定分摊存在问题。现行税法对纳税人既有国内来源所得又有境外来源所得时，其发生的各种成本、费用和损失在境内外业务之间如何分摊，未予以明确，缺少对相关成本费用进行扣除所依据的外方凭证资料和扣除标准的统一规定，对境外发票、报表资料的认证以及境内外机构间的费用分摊规则也未作说明，从而出现不能彻底抵扣税款的现象，不利于消除对纳税人的重复征税。

境内外纳税年度的差异增加了确定境外应纳税所得额的复杂性。

多层次投资间接抵免，不利于“走出去”。受我国外汇管制，东道国投资管理限制条件以及企业战略需要，对外投资企业需要在境外设立多层法人公司，从低税负的国家或地区依次投资到高税负的国家或地区，少则3层，多则8层。我国现行企业所得税法规定，境外所得间接承担的税额可以享受最多3层的间接抵免，企业开展跨国经营活动的税收负担加重，不利于我国企业“走出去”。

（2）直接或间接持股比例与期限的规定，造成税负不公。我国现行企业所得税法，允许间接抵免的直接或间接持股比例应超过20%（在与部分国家签订的税收协定中，持股比例限定为10%），在企业国际化发展过程中，特别是需要国际资本较高的知名公司进行参股时，持股比例不我方进行控制，持股比例如果不能达到20%以上，利润汇回国就会面临不能间接抵免而重复纳税的风险。对境外企业的持股时间没有明确限制，容易诱使企业规避税收，造成企业之间税负不公。

（3）境外完税凭证的认定难以通过，获得抵免困难。“走出去”企业在获取当地完税凭证等资料时受限于当地实际情况，并不能获取完整并符合我国税法要求的有效完税凭证。欠发达的国家或地区无法取得当地税务部门提供的完税证明。取得的完税凭证不规范造成我国税务部门对境外完税证明鉴定上的困难，难免存在主观判断现象。企业抵免风险加大。

6. 超限抵免额的结转，对企业不利。我国税法规定对超限抵免额允许最长不能超过5年向后结转。在5年结转期满之后，一些企业仍有未抵完的超限抵免限额无法继续获得抵免，造成对企业在国外已承担税款的补偿不够充分，产生国际重复征税问题；同时，没有考虑资金的时间价值，在物价上涨的趋势下，对超限抵免额并没有相应指数化，对企业不利。

三、建议

美国的减税政策可能使中国面临“两端”压力。美国对外投资企业以高技术类型居多，一部分高技术含量的企业回归美国本土或者欧洲，低端的流向发展中国家。我国应积极分析对我国经济的影响，特别是应疏通现行财税改革的减税传导机制，减少国际税收竞争压力。

中国正在启动增值税法草案起草工作，应在立法中密切关注国外的政治经济环境变化，有效化解国内财税体制改革的抑制性因素，通过立法巩固改革成果，确立比较规范，有效促进经济发展的消费型增值税制度。

第五节　苹果公司避税案发　亟须制定 BEPS 应对策略[32]

一、苹果公司避税案分析

近期，美国政府审计机构称，100 家美国最大的企业中，就有 83 家把境外收入存放在避税天堂。同时，欧洲也有许多国家在用低税率吸引企业投资，据德国之声报道，美国苹果公司在境外创造了 570 亿欧元盈利，而纳税率仅 2%，这即使对于避税天堂来说也低得十分可笑。苹果公司巧妙的避税魔术，主要是在两家爱尔兰子公司和一家荷兰子公司之间腾挪利润，称作"双层爱尔兰夹荷兰三明治"，仅 2011 年和 2012 年两年间，至少避税 125 亿美元，它们负责从中国代加工厂商处廉价购买苹果产品，再以高价把产品倒卖到欧洲、非洲、大洋洲、中东和印度等地的苹果零售店或苹果经销公司。苹果公司选择在爱尔兰"收钱"，因为爱尔兰是欧盟国家，与欧盟其他成员国之间免缴所得税。同时，爱尔兰的企业所得税，只有 12.5%，远低于美国和其他欧盟国家。选择在爱尔兰注册还有另一个好处，是资产安全比较有保障，会持有很多无形资产。

苹果身为世界上利润最丰厚的科技企业，也存在着利用子公司进行避税的行为。可见利用跨国公司进行避税的动机具有一定的普遍性。全球绝大部分的公司都使用各种避税策略。2010 年，谷歌几乎照抄苹果的"双层爱尔兰夹荷兰三明治"模式，将营收转移到避税天堂。微软、雅虎、亚马逊、戴尔、星巴克、Facebook、辉瑞、强生、通用汽车、福特、美国航空和花旗集团等国际知名公司都通过类似的方式，逃避的税收数额高得如同天文数字般。

在国际社会的压力下，瑞士已经与许多国家签署了相关协议。主要由发达国家组成的经济合作与发展组织计划不久后推出一套政策方案，遏制大型企业在税务上避税。各国于2015年9月份在圣彼得堡召开的20国集团峰会上就此展开讨论。

二、中国应对BEPS的紧迫性分析

BEPS给中国带来的挑战，自我国改革开放、引进外资以来就存在，且趋势愈加严峻。从苹果的案例可知，中国合约制造商在苹果的全球价值链体系中居于最底端的生产制造环节，被定义为低价值创造的环节，因此留给中国公司的制造利润很低，中国因此损失了巨额税收。

过分贬低中国的制造环节价值，将高附加值转移到低税率国家。苹果过分地夸大知识产权在价值链体系中的作用，过分夸大拥有知识产权的关联公司在产品定价环节中的话语权，人为地操纵知识产权的持有结构，把利润转移到爱尔兰进行避税。而生产制造环节的价值创造被过分地贬低。中国吸引外国直接投资连续20年保持发展中国家首位，全球范围仅次于美国，中国是公认的世界制造工厂。中国的地域特定优势并没有得到应有的税收收入回报。

中国的地域特定优势包括：人工成本低；工人的养老、医疗和各种保险方面的负担低；基础设施完善高效；社会稳定、安定，投资安全；丰富的自然资源；环境保护成本很低；坚实的教育体系和人才储备；悠久的文化和人文气息，全球最大和最有潜力的消费市场；市场的开放和自由程度不断提升；市场购买力不断上升[33]。中国消费者奢侈品的开支正以惊人的速度增长，跨国公司可以在中国市场取得超额利润和难以想象的成功。

三、中国要在应对 BEPS 的国际行动中，明确地提出我国的地域特定优势和征税权的主张

（一）中国要借鉴美国在这方面的经验

在会计核算和有关贸易规则的制定中，应考虑营销性无形资产的完整概念和定义，确定确切的范围、哪些营销活动可以形成无形资产，制定具体的识别和确认价值的方法，以及明确采用何种方法对因拥有营销性无形资产应获得的收益进行转让定价的调整等。这也是我国应对税基侵蚀和利润转移 BEPS 亟待解决的问题和进行的工作。

（二）全面主张中国的地域特定优势，要加强转让定价可比分析中的量化分析

要建立起数据和逻辑模型，运用国际通用的经济学理论、统计学理论，把我国地域特定优势的因素进行量化和模型化，有理有据地主张中国的权益。

（三）重视和加大对无形资产的主张，积极应对 BEPS 挑战

中国作为世界经济增长最快的地区，是全球最理想的投资地点。同时，跨国公司也进一步将研发基地移往中国，然而研发活动产生的知识产权并没被中国的企业持有，对应的利润也没有留在中国。原因是，跨国公司在中国的研发活动基本上采取委托研发的方式，即委托其在中国的关联公司进行具体的研发工作，中国关联公司因此被定义为成本中心，成本费用全部由跨国公司补偿。实践中具体的补偿方式多为成本加成模式。因此，跨国公司主张，由于中国关联公司没有承担研发活动的风险，不能享有研发活动的成果，研发活动形成的知识产权由跨国公司拥有，中国的关联公司只能获得费用的补偿和微薄的成本加成利润。跨国公

司在享受中国人才资源和优势的同时，通过报销成本费用的方式拿走了研发工作所创造出来的知识产权，当中国关联公司需要使用这些知识产权时，要向跨国公司支付特许权使用费，这也是跨国公司转移利润和避税的方式。

（四）对跨国公司在中国形成的营销性无形资产也应给予高度重视

借鉴美国经验，美国国内收入局曾向世界制药巨头葛兰素史克公司主张其在美形成的营销性无形资产，迫使对方支付了 34 亿美元的税金，还放弃了 18 亿美元的退税款。跨国公司在中国从事的大量市场推广、渠道建设、策划、广告和营销等活动，开发针对中国本地市场的子品牌，或发展独立于境外关联方的营销渠道、网络和重大关键客户关系等，实质上形成了非常有价值的本地营销性无形资产。目前，OECD《转让定价指南》对营销性无形资产的构成、归属和价值确定没有给出详尽的国际协调规则和规范标准。

（五）健全和完整定价的成本基础

应在税收上把诸如环境污染治理成本、社会教育成本、社会医疗保障成本、社会养老成本、社会安全保障成本等等，并入产品的定价成本范围，使中国公司的成本定价基础接近跨国公司的成本定价基础，把应该属于中国的利润留在中国。

第六节　增值税跨国洗钱风险加大　建立反洗钱联合治理机制

我国金融机构海外反洗钱合规风险上升，国际标准趋严，我国面临互评估压力。

我国每年约有2000亿元人民币通过地下钱庄洗钱出境，其中走私收入约700亿元，剩下主要是外资企业或国内高净值人士通过地下钱庄避税，将合法收入及财富转移到境外，每年流失的财税收入高达上千亿元；2011年全国共查处制售假发票和非法代开发票案近9万起，严重侵害了我国的金融安全和税收管理体制。2015年9月6日，全国最大地下钱庄案——“义乌宇富物流公司”案就涉及金额4100多亿元，交易记录多达130多万条。FATF 2012年发布了“打击洗钱、资助恐怖活动和武器扩散国际标准的建议”，规定税务犯罪（包括直接税和间接税）构成对反洗钱规则的违反。即一旦构成税务犯罪（只要具备法律规定的可惩罚性即可，是否被法院定罪不论），将触发违背反洗钱规定的法律后果。此时，银行可以冻结、没收或者征用（freeze or seize and confiscate）个人或者公司的银行账户。发生在其他成员国的税务犯罪，视同发生在本国，并产生同样的反洗钱法律后果。

一、税务犯罪洗钱方式分析

我国目前依法治税水平不高，对“地下税收”调节乏力，弱化了税收对偷逃税等非法收入的调节。增值税洗钱有虚开增值税发票和利用税收优惠政策两种形式：

1. 设立空壳公司取得一般纳税人资格，虚开增值税专用发票，从中牟利并清洗黑钱；“义乌案”主犯在香港注册成立数十家空壳公司，同步开通了NRE账号，没有任何实体贸易背景，制造虚假单据或合同伪造贸易，相关贸易记录均为伪造，利用了NRA账户的漏洞——部分商业银行的业务系统并不能有效识别NRA账户，协助客户进行非法跨境资金汇兑。

2. 利用税收优惠政策，如增值税减免政策、出口退税政策等非法牟利并清洗黑钱。税务犯罪洗钱比较多的行业就是出口贸易，犯罪分子利用国际贸易结算方式、贸易主体及商品、贸易价格形成复杂多样的行业特点，进而骗取出口退税。“义乌案”就是通过境内外的“对敲”平账方式，达到为客户跨境转移资金的目的。银行工作人员通过出售银行客户资料获取利益，帮助主谋违法购汇7亿多元。

第五次全国金融工作会议要求，“把主动防范化解系统性金融风险放在更加重要的位置”。国内虚开增值税发票与洗钱结合的犯罪高压高发，具有了普遍性，高发性，隐蔽性和高技术创新性。

二、涉税洗钱犯罪的应对措施

1. 加快反洗钱、反逃税的联合监管体制机制。应将扩大涉税犯罪纳入洗钱犯罪范围，优化涉税洗钱风险防范外部环境；是制定相关行政法规，使出口退税管理规范化；建立跨国涉税反洗钱工作机制。

2. 强化对空壳公司监管，有效预防并遏制空壳公司蔓延发展。严格把控税务登记，对新办和变更所提供的资料，严格进行查验审核，确保受理的资料正确、齐全，有效打击犯罪分子，减少空壳公司的出现。加强开户管理，对开户证明资料的真实性、完整性严格审查；加强对单位银行账户大额提现业务、大额公转私业务的管理和监测；严格账户持续运行的管理，保持对账户信息的更新和完善。对账户的违规提现和违规转账等行为实行预警，对账户违规行为作出相应的处罚。加强对大额现金交易的管理，提高现金交易成本，尽量减少现金交易。

调查发现，中部地区的单位、个人账户在案件中起到了突出的资金过渡作用，并且制约了资金的追踪和案件的侦办。应加强顶层设计，完善协作机制监管协作机制，提高可疑交易线索处理、侦办的效率。

3. 建立高科技信息化平台，开辟国家之间、地区之间、部门之间的合作途径。各国各部门要依法交换有关洗钱、逃骗税的国际合作；加强与境外离岸金融中心和洗钱犯罪高发地区有关部门的联系沟通，要求符合避税地标准的国家和地区加强反洗钱国际合作和信息交流，既可防范跨境洗钱活动，又可防止产生有害的税收竞争。加强人民银行与税务部门的合作，收集涉税洗钱活动信息、积极协助调查涉案主体的相关信息，及时交换反馈调查结果、涉税洗钱犯罪活动最新动向或风险提示信息。强海关、银行、商务等职能部门与税务机关的协作，明确各部门责任，严格履行各自职责，定期沟通交流，对苗头性现象及时发现，及时处理，将退税风险控制在初始状态。

4. 落实金融税务机构主体责任，加大反洗钱监管问责力度和反腐力度[34]。金融税务部门是业务部门，也是经济执法部门，很多违法行为有金融税务部门工作人员参与，这些领域的源头治理工作是一项长期性、经常性的斗争，必须从源头上拓宽反腐渠道，建立制度、问责、监督“三位一体”的预防机制，从根本上遏制税务职务犯罪的产生。

附录一：国务院《优化营商环境条例（征求意见稿）》

关于《优化营商环境条例（征求意见稿）》公开征求意见的公告

为认真贯彻落实国务院关于深化“放管服”改革、优化营商环境的决策部署，推动政府职能深刻转变，加快营造稳定公平透明、可预期的营商环境，更大激发市场活力和社会创造力，根据《国务院2019年立法工作计划》，在国务院推进政府职能转变和“放管服”改革协调小组的指导下，经过前期调研、专家论证、广泛征求意见，国家发展改革委牵头会同有关部门研究起草了《优化营商环境条例（征求意见稿）》，现向社会公开征求意见。

欢迎有关单位和社会各界人士在2019年8月12日前，登录国家发展改革委门户网站（http：//www.ndrc.gov.cn）首页“意见征求”专栏，进入“《优化营商环境条例（征求意见稿）》公开征求意见”栏目，提出宝贵意见建议。

感谢您的参与和支持！

国家发展改革委
2019年7月14日

优化营商环境条例（征求意见稿）

第一章　总　则

第一条　【立法目的】为了持续深化简政放权、放管结合、优化服务改革，深刻转变政府职能，营造稳定公平透明、可预期的营商环境，释放全社会创新创业创造动能，激发市场活力，推动高质量发展，制定本条例。

第二条　【概念界定】本条例所称营商环境是指企业以及其他从事生产经营活动的组织和个人（以下统称市场主体）在市场准入、生产经营、退出市场等过程中涉及的有关外部因素和条件。

第三条　【基本原则】优化营商环境应当遵循市场化、法治化、国际化的原则，坚持各类市场主体权利平等、机会平等、规则平等，按照规则公开透明、监管公平公正、服务便利高效、依法保护各类市场主体合法权益的要求，对标国际一流水平，建立统一开放、竞争有序的现代市场体系，为各类市场主体投资兴业创造良好发展环境。

第四条　【管理职责】各级人民政府应当加强对本行政区域内优化营商环境工作的组织领导，统筹推进、指导协调、督促落实优化营商环境相关改革，协调解决出现的重大问题。

各级人民政府有关部门按照职责分工做好相关行业和领域优化营商环境工作。

第五条　【鼓励改革】国家鼓励各地区、各部门结合实际依法探索创新优化营商环境的改革举措。有关单位和个人在推进优化营商环境改革过程中，工作出现偏差失误、未实现预期目标，但未违反法律法规的强制性规定、符合国家确定的改革方向、决策和实施程序符合规定，且勤勉尽责、未谋取私利、未损害公共利益的，依法免予追究责任。

各级人民政府及其有关部门应当加强对优化营商环境政策措施的宣传解读，及时总结和推广典型经验。

第六条 【社会参与和舆论监督】公民、法人和其他组织依法享有参与和监督营商环境建设的权利，有权对优化营商环境工作反映情况或者提出意见建议。

国家支持新闻媒体对营商环境进行舆论监督。新闻媒体及其从业人员进行涉及市场主体的新闻报道，应当真实、全面、客观、公正，不得编发和刊载未经核实的信息，不得利用新闻报道谋取不正当利益。

各级人民政府及其有关部门应当建立舆情收集和回应机制，及时调查处理损害营商环境的行为，并向社会公开调查处理结果。

第七条 【营商环境评价】国家建立全国统一标准的营商环境评价体系，定期开展全国营商环境评价，推动各地区、各部门持续深化营商环境改革，促进地区间形成优化营商环境的良性竞争。

地方各级人民政府及其有关部门应当积极支持配合全国营商环境评价，不得违规干预或者弄虚作假。

任何组织和个人不得冒用国家机关名义开展营商环境评价，不得利用营商环境评价弄虚作假、谋取不正当利益。

第二章 市场主体

第一节 平等对待各类市场主体

第八条 【市场准入】国家实行全国统一的市场准入负面清

单制度，市场准入负面清单以外的行业、领域、业务，各类市场主体均可依法平等进入。

第九条 【平等获取要素】国家保障各类所有制市场主体依法平等获取人力资源、资金、土地使用权和自然资源等生产要素，公平参与市场竞争。

各地区、各部门应当依法保障各类所有制和不同地区市场主体在政府资金投向、土地供应、税收优惠、费用减免、资质许可、标准制定、项目申报、职称评定等方面的公平待遇，禁止滥用行政权力排除、限制竞争。

第十条 【招标投标和政府采购】招标投标和政府采购应当公开透明、公平公正，对各类所有制和不同地区市场主体平等对待，不得以不合理条件进行限制或者排斥。各级人民政府有关部门应当加强招标投标和政府采购监管，依法纠正和查处违法违规行为。

县级以上人民政府及其有关部门应当加快推进公共资源电子化交易。已经实行电子化交易的，原则上不得要求市场主体另行提交纸质材料。

各级公共资源交易平台应当依法公开交易目录和交易信息，保障各类市场主体及时获取有关信息并平等参与交易活动。

第二节　保护市场主体合法权益

第十一条 【保护自主经营权】国家依法保护市场主体自主开展生产经营活动的权利，除法律、法规另有规定外，任何单位及个人不得干涉。

第十二条 【保护财产权】国家依法保护各类所有制市场主体财产权和其他合法权益。市场主体存在一般违法行为的，依法审慎采取行政强制措施，最大限度降低对市场主体正常生产经营活动的不利影响。

第十三条 【保护知识产权】国家加强知识产权保护，依法严厉惩治侵犯知识产权的违法犯罪行为，推动建立知识产权侵权惩罚性赔偿制度，充分保障知识产权权利人的合法权益。

有关部门应当建立健全知识产权纠纷多元化解机制和知识产权维权援助机制，完善知识产权快速审查、快速确权、快速维权机制，加大对小微企业知识产权保护援助力度。

第十四条 【保护中小投资者】国家积极促进公司治理规范化，依法加强股东权益保护，特别是中小股东权益保护，便利股东依法维护自身权益，增强社会投资积极性。各级人民政府及其有关部门应当与各级法院积极沟通协调，加强对中小股东权益的保护。

第十五条 【治理拖欠企业账款】行政机关、事业单位和具有市场优势地位的企业不得违约拖欠中小企业的货物、工程、服务款项。中小企业有权依法要求拖欠方支付拖欠款并对拖欠造成的损失进行赔偿。

第十六条 【完善纠纷解决机制】各级人民政府及其有关部门应当整合律师、公证、司法鉴定、人民调解、仲裁等法律服务资源，为市场主体提供法律咨询、法律援助和法律救济等服务，引导和帮助市场主体依法维权。

各级人民政府及其有关部门应当推动建立调解、行政复议、仲裁、诉讼有效衔接、相互协调的市场主体纠纷多元化解机制。将依法认定的拒不履行合同的行为，纳入有关市场主体信用记录。

第三章　市场环境

第一节　便利生产经营

第十七条 【企业开办】国家实行统一的市场主体登记制

度，规范市场主体登记形式审查标准，完善虚假登记追责机制，提高登记审查效率，减少并规范登记机关自由裁量权。

各级人民政府及其有关部门应当简化市场主体从设立到具备一般性经营条件所需办理事项，压缩办理环节和时间。各级人民政府及其有关部门应当依托全国统一身份认证系统和电子营业执照系统，实行一次认证、全网通办，避免市场主体在不同地区和部门政务服务平台重复注册验证。

第十八条 【投资项目审批】各级人民政府应当按照国家统一规定，规范政府投资项目审批、企业投资项目核准的前置条件，公开与投资相关的规划、产业政策，以及项目审批、核准的办理流程，并为项目单位提供相关咨询服务。对《政府核准的投资项目目录》以外的企业投资项目，实行备案管理。

第十九条 【工程建设项目报建审批】设区的市级以上人民政府应当按照全国统一标准编制并公布本级工程建设项目报建审批事项清单，明确审批事项名称、适用范围、前置条件、申请材料和审批时限，并实行动态管理。

县级以上地方人民政府在依法设立的开发区、工业园区、新区和其他有条件的区域可以实施区域评估制度，由政府统一组织对法定评估评价事项按照区域进行统一评估，并在土地出让或划拨前，告知建设单位相关建设要求。已经实施区域评估的，有关部门在审批工程建设项目时，不得要求市场主体重复开展相关评估评价或者承担评估评价费用。法律、法规另有规定的除外。

县级以上人民政府有关部门应当对建设工程专项验收事项实行联合验收，统一竣工验收图纸和验收标准，统一出具验收意见。

第二十条 【登记财产】国家实行不动产统一登记制度。各级人民政府应当整合和优化不动产登记流程，加强部门协作和信息互联互通，减少办理环节，压缩办理时限，提高服务效率。

国家推动建立动产和权利担保统一登记制度和动产抵押登记平台，便利市场主体运用生产设备、原材料、半成品、产品、机动车等动产以及应收账款、知识产权等权利进行担保融资。

第二十一条 【跨境贸易】有关部门应当依托电子口岸平台，推进信息共享和业务协同，实行口岸和国际贸易领域相关业务统一通过国际贸易“单一窗口”办理，为市场主体提供便捷的口岸通关服务。省、自治区、直辖市人民政府应当制定并公开通关流程及口岸经营服务作业时限，公布口岸收费目录清单。

有关部门应当加强“经认证的经营者”国际互认合作，并给予互认企业相关便利措施。

没有法律、行政法规依据，任何单位和个人不得创设进出口环节监管证件，不得在通关环节进行验核。

第二十二条 【办理破产】县级以上地方人民政府应当与有关人民法院建立破产工作统一协调机制，统筹推进破产程序中的业务协调、信息共享等工作。

第二十三条 【企业变更和注销】各级人民政府有关部门应当优化企业变更和注销办理流程，精简申请材料，压缩办理时间，降低办理成本。符合设立后未开展经营活动或者无债权债务等规定情形的，可以由企业自主选择按照简易注销程序办理。

第二节 规范税费办理

第二十四条 【纳税】各级税务机关应当持续优化纳税服务，精简办税资料和流程，简并申报缴税次数，压缩纳税时间，逐步实行全程网上办税，不断扩大电子发票使用范围。

第二十五条 【社会保险费】国家统筹考虑保障职工、企业合法权益、经济社会发展水平以及基金收支状况，依法合理确定社会保险费率，统一和规范社会保险费政策。

第二十六条 【规范涉企收费】各级人民政府及其有关部门、行业协会商会应当按照规定对外公示本地区执行的涉企行政事业性收费、政府性基金、行政审批中介服务收费和实行政府定价的经营服务性收费目录清单。清单以外，行政机关、事业单位、社会组织、企业等依法实施行政管理、提供公共服务不得收取任何费用。

任何单位未经法定程序，不得设置行政事业性收费项目，不得以任何形式将政府行政管理职能转化为有偿经营服务。行政机关委托事业单位、社会组织或者其他组织从事相关管理活动的，应当采取政府购买服务等方式进行，不得以任何方式向企业转嫁收费。

各级人民政府及其有关部门对实行市场调节价的服务收费项目，应当引入竞争机制，加强行业管理和行业自律，引导收费主体诚信经营、合理定价；对实行政府定价或者政府指导价的服务收费项目，应当严格核定服务成本，制定服务标准和价格，监督收费主体严格执行。

严禁收费主体擅自对涉企行政事业性收费、政府性基金、实行政府定价或者政府指导价的经营服务性收费提高收费标准、扩大收费范围或者额外收费。严禁以各种方式强制企业赞助捐赠、订购报刊、参加培训、加入社团。严禁中介服务机构利用行政资源强制收取费用等行为。

任何组织和个人不得强制或者变相强制市场主体参加评比达标表彰活动，不得利用评比达标表彰活动向市场主体收费或者变相收费。

第三节　公用事业、融资与人才服务

第二十七条　【公用事业服务】供水、供电、供热、供气、排水与污水处理、通信、邮政等公用事业企业，应当按照规定向社会公开服务标准、服务流程、办理时限、资费标准等信息，向市场主体提供安全、方便、快捷、稳定和价格合理的服务，不得实施滥用市场支配地位行为。

供水、供电、供气等公用事业企业应当优化报装审批流程，精简报装材料，压缩办理时间，降低水电气接入和使用成本，配合行政机关依法清理向转供电用户不合理加价售电、附加收费等行为。有条件的地区应当应用移动互联网提供线上咨询、报装、查询、缴费、报修等综合服务。

有关行政机关应当优化水电气接入相关行政审批流程，压缩审批时限，建立健全与供水、供电、供气等公用事业企业的信息共享机制，加强对报装环节相关中介服务的管理。

第二十八条　【融资服务】国家引导金融机构加大对民营企业、小微企业的支持力度，提供针对性金融产品和服务。国家支持符合条件的民营企业扩大直接融资规模，完善股票发行和再融资制度，支持民营企业发行债券，鼓励金融机构加大民营企业债券投资力度。金融管理部门应当加强对金融机构支持民营企业、小微企业工作的指导和监督。

金融机构对同等申请条件下各类所有制市场主体的贷款利率和贷款条件应当保持一致，不得对不同所有制市场主体设置贷款审批歧视性规定。

金融机构应当规范收费行为，不得向市场主体违规收取服务费用。

第二十九条　【鼓励创新创业】各级人民政府及其有关部门

应当尊重、保护、鼓励创新，支持市场主体开展创新创业活动，创新科技金融服务，多渠道增加创新投入，推动科技成果转化应用，鼓励发展创业孵化和科技成果转移转化服务平台，降低创新创业成本。

第三十条 【人才服务】国家建立健全统一规范、竞争有序的人力资源市场，打破城乡、地区、行业分割，消除身份、性别歧视，引导和促进人才的合理流动。

国家对外国人来华工作简化申请材料，优化审批流程，规范申请标准，依法保障在华工作外国人合法权益。

各级人民政府及其有关部门应当尊重市场经济规律和人才成长规律，尊重各类市场主体在人才培养、引进、使用、评价和激励等方面的自主权。

第三十一条 【规范行业协会商会】市场主体依法享有自主加入和退出行业协会商会的权利，任何单位和个人不得强制或者变相强制市场主体入会、退会。

行业协会商会不得对已取消的资格资质变相进行认定，不得出具虚假证明或者报告，不得干扰市场主体正常生产经营或者扰乱市场秩序，不得组织市场主体从事法律法规禁止的垄断行为，不得依靠代行政府职能或者利用行政资源擅自设立收费项目、提高收费标准。

第四章 政务服务

第一节 融合线上线下服务

第三十二条 【政务服务大厅】地方各级人民政府已设立综合性政务服务大厅的，除因安全、便民等特殊考虑外，一般应当将本行政区域内各类政务服务事项进驻本级综合性政务服务大厅统一办理。鼓励中央垂直管理部门将其实施的政务服务事项纳入所在地方综合性政务服务大厅集中办理。

政务服务大厅应当按照“前台综合受理、后台分类审批、综合窗口出件”的工作模式，实行一个窗口受理、后台集成服务。地方各级人民政府应当推动政务服务大厅与政务服务平台业务融合，整合信息系统，统筹服务资源，统一服务标准，为市场主体提供渠道多样、简便易用的政务服务。对于已在各级政务服务大厅办理的事项，不得要求申请人在政务服务平台重复办理。

第三十三条 【政务服务平台】国家建设以国家政务服务平台为总枢纽，以国务院有关部门政务服务平台和各地区政务服务平台为基础的全国一体化在线政务服务平台。各级人民政府应当依托全国一体化在线政务服务平台整合各类网上政务服务系统，推进“一网通办”。除法律、法规另有规定或者涉及国家秘密等情形外，政务服务事项应当纳入全国一体化在线政务服务平台办理。

国家政务服务平台建设面向市场主体和群众的政务服务移动端。鼓励有条件的地区和部门应用移动互联网，为市场主体提供方便可及的政务服务。

第三十四条 【政务服务数据共享交换】国家构建全国统一、多级互联的政务服务数据共享交换平台体系，统一明确信息共享的种类、标准、范围、流程，实现跨层级、跨地区、跨系统、跨部门、跨业务数据信息可靠交换与安全共享，并依法依规向社会开放。

各级人民政府及其有关部门应当通过全国一体化在线政务服务平台查询、核验市场主体信息，对平台已经采集的信息，不得要求申请人重复提交。

第三十五条 【电子印章和电子证照】国家建立权威、规范、可信的统一电子印章系统。国务院有关部门、地方人民政府及其有关部门使用国家统一电子印章系统制发的电子印章。电子印章与实物印章具有同等法律效力。

国家推广使用电子营业执照等电子证照、电子证件、电子证明，推动电子证照、电子证件、电子证明跨部门跨地区互认共享。电子证照、电子证件、电子证明与纸质版本具有同等法律效力，是市场主体取得相关资格的合法凭证。

除法律、行政法规另有规定外，电子证照、电子证件、电子证明、加盖电子印章或者使用符合《中华人民共和国电子签名法》要求的可靠电子签名进行签名的电子材料，可以作为办理政务服务事项的依据。

第二节　提升政务服务水平

第三十六条　【政务服务事项标准化】县级以上人民政府及其有关部门应当推行政务服务事项标准化，为市场主体提供规范、透明、高效的政务服务。没有法律、法规、规章依据，不得增设办理条件和环节。

第三十七条　【规范行政许可和备案】对依法设定的行政许可事项，应当实行清单管理，逐项明确事项名称、设定依据、实施机关、实施范围、许可条件、申请材料、许可程序、办理时限、许可有效期、收费情况等，并对清单进行动态调整。清单以外，任何行政机关不得违法实施行政许可，不得以备案、目录、计划、规划、登记、注册、年检、年报、监制、认定、认证、审定等形式，变相设定和实施行政许可。

没有法律、法规、规章依据，或者所需采集的信息可以通过政府信息共享、行政机关主动采集等方式获取的，行政机关不得设定和实施针对市场主体的备案事项。

第三十八条 【相对集中行政许可权改革】在履行《中华人民共和国行政许可法》第二十五条规定的程序，并明确审批与监管职责分工后，地方各级人民政府应当按照省级人民政府批准的方案，将部分行政许可权集中到一个部门行使。行使相对集中行政许可权的行政机关作出的行政许可决定具有法律效力，原主管部门不得再要求市场主体加盖本部门印章。

行使相对集中行政许可权的行政机关，应当接受上级人民政府有关部门的业务指导，以本机关名义实施行政许可，对审批结果负责，并与依法履行事中事后监管职责的行政机关做好衔接工作。

第三十九条 【“证照分离”“多证合一”改革】国家实行统一社会信用代码制度，依法对涉企经营许可事项采取直接取消审批、审批改为备案、实行告知承诺、优化准入服务等改革方式，逐步整合涉企证照，减少涉企证照数量，提高行政服务效率。

国务院有关部门、地方各级人民政府应当将信息采集、记载公示、管理备查类的一般经营项目涉企证照事项以及企业登记信息能够满足行政管理需要的涉企证照事项整合到营业执照上，不再发放被整合的证照。没有法律、行政法规依据，任何部门不得设置涉企证照事项。

第四十条 【减证便民】各级人民政府及其有关部门设定证明事项应当具备法律、法规依据，并加强互认共享，减少不必要的重复举证。

下列事项不得设定证明：

（一）自然规律及定理，众所周知或者可以推定的事实；

（二）法院生效裁判、仲裁机关生效仲裁裁决以及公证机构公证文书所认定的事实；

（三）有关部门自身产生的或者通过部门共享能够实时获取、核验的信息；

（四）能够通过申请人现有证照来证明或者能够被其他材料涵盖替代的事项。

各级人民政府及其有关部门应当公布依法保留的证明事项清单，逐项列明设定依据、开具单位、办事指南等，并逐步简化办理流程，提高办证效率。

第四十一条 【优化服务流程】各级人民政府及其有关部门对在一定时间内需由两个以上同级部门分别实施的具有关联性的行政审批等政务服务事项，可以实行由一个部门统一接收、转送申请材料，各相关部门同步审批、分别作出审批决定的并联审批方式。除法律、法规明确规定外，任何单位不得将一个行政审批事项的办理结果设置为另一个行政审批事项的前置条件。

对依法设定的行政许可事项，能够通过事中事后监管纠正不符合行政许可条件的行为且不会产生严重危害后果的，可以按照有关规定实行告知承诺制办理，但不得与法律、行政法规的规定相抵触。

对行政机关要求申请人提供的证明，能够通过事中事后监管纠正虚假承诺行为且不会产生严重危害后果的，行政机关可以决定实行告知承诺制办理。

对实行告知承诺制办理的行政许可事项和证明事项，行政机关应当将办理规定、监管规则、违反承诺的法律责任一次性书面告知申请人，并提供告知承诺书示范文本。申请人自愿选择实行告知承诺制办理的，行政机关应当直接依据书面承诺办理行政许可等相关事项。

除法律、法规规定外，当事人持有法院相关变更登记判项内容的生效判决即可自行办理行政登记变更事项，登记机构不得要求当事人先向法院申请强制执行。涉及不动产登记事项，法院生效裁判中已经有变更登记判项内容，在各方当事人无履行争议或者判项内容是基于确权类等无给付内容的，登记机构应当直接办理变更登记。

第四十二条 【审批服务便民化】行政相对人提交的政务服务事项申请材料齐全、符合法定形式的，行政机关能够当场作出决定，应当当场作出书面决定，并逐步减少现场等候时间；无法当场作出书面决定，符合法定受理条件、申请材料齐全的，原则上应当一次办结；申请材料不齐全的，应当一次性告知需要补正的内容。需要现场踏勘、专业技术审查、集体讨论、专家论证、听证等的事项，应当限时安排。

各级人民政府及其有关部门对于面向个人、办理量大的政务服务事项，应当将相关事项办理权限或者受理环节依法授权或委托乡（镇）人民政府、街道办事处或者村（居）民委员会，实行就近办理或者受理。

各级人民政府及其有关部门应当对政务服务事项实行限时办结制，明确办理时限并在受理窗口或者平台公布。法律、法规、规章对办理期限有规定的，应当在法定期限内办结；法律、法规、规章没有规定的，应当按照合理、高效的原则确定办理期限，并按时办结。

第四十三条 【规范审批中介服务】县级以上人民政府应当依法规范行政审批中介服务行为，编制并公布行政审批中介服务事项清单。未纳入清单的中介服务事项，不得作为行政审批等政务服务的受理条件。行政机关应当制定完善中介服务的规范和标准，指导监督中介服务机构建立服务承诺、限时办结、执业公示、一次性告知、执业记录等制度。中介服务机构应当明确并公布办理时限、工作流程、申报条件、收费标准等信息。

对既可由申请人按要求自行编制，也可委托有关机构编制的材料，审批部门应当在办事指南中明确说明，并提供审查要点和示范文本，引导申请人自行编制相关材料。

第四十四条 【规范中介服务机构】行政机关不得与中介服务机构存在隶属关系或者利益关联。除法律、行政法规另有规定外，行政审批部门所属事业单位、主管的社会组织及其举办的企业，不得开展与本部门行政审批相关的面向市场主体收费的中介服务。

除法律、行政法规另有规定外，行政机关在行政审批过程中委托开展的技术性服务，应当通过竞争方式选择中介服务机构并支付服务费用，不得增加或者变相增加申请人负担。各级人民政府及其有关部门不得强制市场主体接受中介服务，不得强制指定或者变相指定中介服务机构，不得限额管理中介服务机构数量，不得在区域、行业和部门间违法设定中介服务机构执业限制。

第三节　诉求处理与监督评价

第四十五条 【政企沟通机制】各级人民政府及其有关部门应当建立畅通有效的政企沟通机制，听取市场主体意见建议，及时了解并依法帮助解决市场主体生产经营活动中遇到的问题。

第四十六条 【诉求处理机制】各级人民政府及其有关部门应当建立营商环境诉求处理长效机制。对有关营商环境的投诉、举报，有关部门应当依法及时受理，并依法为投诉人、举报人保密；投诉、举报事项办结后，及时将办理结果告知投诉人、举报人。

第四十七条 【政务服务监督】各级人民政府及其有关部门应当在本级政务服务大厅和本单位门户网站显著位置设置监督窗口或者监督平台，主动听取意见建议并及时反馈，接受社会监督。

第四十八条 【政务服务评价】县级以上地方人民政府及其有关部门应当建立政务服务评价制度，将服务对象对政务服务的评价纳入对有关行政机关及其内设机构的绩效考核。

第五章 监管执法

第一节 落实监管责任

第四十九条 【监管职责】各级人民政府及其有关部门应当全面履行事中事后监管职责。

行政机关在履行对市场主体监督检查职责过程中，根据需要可以向无隶属关系的其他行政机关提出协助请求，被请求机关应当及时、尽责提供相关协助。被请求机关的上级机关对提供行政协助有规定的，被请求机关应当遵守相关规定。

第五十条 【综合监管执法和联合检查】各级人民政府应当统筹配置行政执法职能和执法资源，在市场监管、生态环境保护、农业农村、交通运输、文化市场、城市管理等重点领域实行综合监管执法，减少执法主体和层级，整合精简执法队伍，强化基层监管力量，提高基层执法能力。

有关部门对同一检查对象的多个检查事项，能够合并事项或者联合实施的，应当合并事项或者联合实施，减少对市场主体生产经营活动的影响。

第五十一条 【包容审慎监管】国家对新产业、新业态、新技术、新模式，按照鼓励创新、包容审慎的原则，有针对性地确定监管方式和标准规范，依法保护创新，同时坚守安全和质量底线，对出现的问题及时引导或者处置，促进规范健康发展，严禁以创新的名义实施违法行为。

第二节　创新监管方式

第五十二条　【“双随机、一公开”监管】除特殊重点领域外，日常监管领域原则上应当实行监管过程中随机抽取检查对象、随机选派执法检查人员、抽查检查结果及时向社会公开的“双随机、一公开”监管模式。

第五十三条　【重点监管】对直接涉及公共安全和人民群众生命健康等特殊重点领域，应当强化全过程质量安全管理与风险监控，依法依规实行全覆盖的重点监管模式。对通过投诉举报、数据监测等发现的具体问题，应当进行有针对性的检查。地方各级人民政府应当严格控制重点监管事项数量，规范重点监管程序。

第五十四条　【信用监管】国家建立以信用为基础的监管机制。行政机关应当针对不同风险等级、信用水平的监管对象采取差异化分类监管措施，合理确定、动态调整抽查比例、频次。对诚信守法、风险较低的监管对象，适当降低抽查比例和频次；对失信违法、风险较高的监管对象，适当提高抽查比例和频次。

各级人民政府及其有关部门应当引导市场主体依法开展生产经营活动，遵守社会公德、商业道德，诚实守信，履行社会责任。对严重破坏市场公平竞争秩序和社会正常秩序的失信主体，由有关部门和单位依法依规实施联合惩戒。失信主体在规定期限内纠正失信行为、消除不良影响并按规定完成信用修复的，不再将其作为联合惩戒对象。

国家依法建立权威、统一、可查询的市场主体信用记录，加强互联互通和信息共享。地方各级人民政府及其有关部门应当按照国家统一标准和规范，依法及时公示和共享市场主体信用信息。

第五十五条　【“互联网＋监管”】国家建立统一的“互联网＋监管”系统，各级人民政府及其有关部门的监管事项、设定依据、监管流程、监管结果、监管行为均应当纳入系统，推进监管信息跨部门、跨地区共享，实现监管事项全覆盖、监管过程全记录、监管风险可发现。

第三节　规范执法行为

第五十六条　【规范行政执法】行政机关开展行政执法应当做到事实清楚、证据确凿、手续完备、程序合法、定性准确、处理恰当。行政机关应当全面准确及时主动公开行政执法主体、人员、职责、权限、依据、程序、救济渠道和随机抽查事项清单等信息。

行政执法人员在对市场主体实施行政检查时应当主动出示行政执法证件，不出示行政执法证件的，市场主体有权拒绝接受检查。行政检查结束后，应当向被检查对象作出书面决定或者结论。实施行政检查，不得非法妨碍市场主体正常的生产经营活动，不得索取或者收受财物，不得谋取非法利益。

行政机关作出重大行政执法决定前，应当严格进行法制审核，未经法制审核或者审核未通过的，不得作出决定。

第五十七条　【规范自由裁量权】行政机关行使自由裁量权应当符合法律目的、具有合理性，排除不相关因素干扰，所采取的措施和手段应当必要、适当，并在行政执法决定中说明理由。

第六章　法治保障

第一节　政策制定与施行

第五十八条　【政策制定】各级人民政府及其有关部门制定

规章、规范性文件，没有法律、法规依据，不得减损市场主体的合法权益或者增加其义务，不得设置市场准入和退出条件，不得干预市场主体的正常生产经营活动。

行政机关制定对市场主体切身利益或者权利义务有重大影响的规章、规范性文件，应当充分听取市场主体、行业协会商会以及律师协会的意见。除依法需要保密的外，对规章以及对市场主体权利义务有重大影响的规范性文件，应当通过网络、报纸等向社会公开征求意见。

行政机关制定市场准入、产业发展、招商引资、招标投标、政府采购、经营行为规范、资质标准等涉及市场主体经济活动的规章、规范性文件及其他政策文件时，应当进行公平竞争审查，评估对市场竞争的影响，防止排除、限制市场竞争。未经审查或者经审查具有排除、限制竞争效果的，不得出台或者提交审议。

各级人民政府及其有关部门应当建立规范性文件合法性审核机制，由承担合法性审核职责的部门、机构或者人员对规范性文件统一进行审核。未经合法性审核或者经审核不合法的规范性文件，不得提交集体审议。

各级人民政府应当建立规章、规范性文件及其他政策文件制定发布的统筹协调机制，结合经济社会发展总体形势，科学进行制度设计，合理把握出台节奏，全面评估政策效应，避免相互之间矛盾冲突或者政策叠加对市场主体正常生产经营活动造成负面影响。

行政机关应当保持法规政策的连续稳定，制定或者修改规章、规范性文件，除特别紧急情形外，应当在公布后预留合理时间，以便市场主体做好施行相关准备工作。

第五十九条 【法规政策公布和解读咨询】行政机关应当及

时将本机关执行和制定的法律、法规、规章、规范性文件，通过政府公报、政府门户网站、政务服务大厅、政务新媒体等渠道向社会公开。

各级人民政府应当依托本级政府门户网站，集中发布本级政府及其有关部门制发的规章、规范性文件，特别是涉及市场主体的各类优惠政策，并提供便捷、免费的在线检索服务。未经公开发布的规章和规范性文件，不得作为行政管理依据。

对涉及市场主体权利义务的行政法规、规章、规范性文件，行政机关应当在公布时同步开展宣传解读，提高市场主体对法规政策的知晓度。

行政机关应当建立法规政策咨询和解答机制，通过政府门户网站、政务服务大厅、政务服务平台、政务服务热线等，接收公民、法人和其他组织通过网络、邮寄、电话或者当面提交的涉及自身权益的咨询申请，并限期给予解答。

第六十条 【政策评估和清理】各级人民政府及其有关部门应当建立规章、规范性文件定期评估和清理制度，评估结果作为修改、废止有关规章、规范性文件的重要参考。发现违反上位法规定、相互之间矛盾冲突、妨碍市场公平竞争、侵害市场主体合法权益等情形的，应当及时修改或者废止。

第六十一条 【政务诚信】各级人民政府及其有关部门向市场主体作出政策承诺应当严格依法依规，不得违法违规承诺优惠条件；作为民事主体参与民事活动时，应当平等行使权利、履行义务、承担责任。

各级人民政府及其有关部门应当认真履行依法作出的政策承诺和签订的合同、协议，不得以政府换届、部门或者人员更替、政策调整等为由违约。确因国家利益、公共利益或者其他法定事由需要改变政策承诺和合同协议的，应当严格依照法定权限和程序进行，并对相关市场主体的财产损失依法予以公平合理补偿。

第二节　法律责任

第六十二条　【政府责任】各级人民政府及其有关部门和工作人员在履职过程中，因失信违约损害营商环境被司法裁判、行政处罚、纪律处分、问责处理的，相关信息应当纳入政务失信记录。对造成政务失信行为的主要责任人依法依规追究责任。

各级人民政府及其有关部门不履行优化营商环境工作职责，有下列情形之一的，由上级机关责令改正；情节严重的，对负有责任的领导人员和直接责任人员依法给予处分；构成犯罪的，依法追究刑事责任：

（一）拒绝、推诿、拖延履行法定职责的；

（二）违法限制市场主体准入或者退出，违法干涉市场主体自主开展生产经营活动、平等获取生产要素，违法侵害市场主体财产权和其他合法权益，违约拖欠企业账款的；

（三）禁止、限制不同所有制或者不同地区市场主体到本地从事生产经营活动、参与招标投标和政府采购，禁止、限制外地商品、服务进入本地市场，滥用行政权力排除、限制竞争的；

（四）向市场主体强制或者变相收取不合理费用，违规设置收费项目、提高收费标准、扩大收费范围或者额外收费，将政府行政管理职能转化为有偿经营服务，或者将应当由行政机关自身承担的费用转嫁给市场主体承担的；

（五）违反规定设定和实施针对市场主体的行政许可、备案、证照、证明事项，违反规定设置政务服务事项办理条件、申请材料、办理环节，违反法定办理程序或者未在办理时限内办结的；

（六）违反规定设定行政审批中介服务事项，允许存在隶属关系或者利益关联的组织开展与本部门行政审批相关的面向市场主体收费的中介服务，强制市场主体接受中介服务，强制指定或者变相指定中介服务机构，限额管理中介服务机构数量，违法设定中介服务机构执业限制的；

（七）未按照规定及时处理投诉、举报事项，泄露投诉人、举报人信息，以及对投诉人、举报人打击报复的；

（八）对其他行政机关提出的行政协助请求，无正当理由未及时、尽责提供相关协助的；

（九）未按照规定开展行政执法，妨碍市场主体正常经营活动的；

（十）实施行政审批、行政检查时，索取或者收受财物、谋取非法利益的；

（十一）未落实公平竞争审查、合法性审核等制度，出台具有排除、限制竞争效果或者违法的规章、规范性文件及其他政策文件的；

（十二）对市场主体作出违背有关法律、法规或者超出自身法定权限的政策承诺，或者未经法定程序改变承诺事项的；

（十三）不履行、不完全履行或者单方面强制要求以特定方式履行与市场主体签订的有关合同、协议的；

（十四）按照国家有关规定应当追究责任的其他情形。

第六十三条 【行业协会商会责任】行业协会商会有下列行为之一的，由有关部门按照职责分工给予警告，责令限期改正，可以停止其活动，责令撤换直接负责的主管人员；有违法所得的，予以没收，可以并处违法所得三倍以上五倍以下的罚款；情节严重的，予以撤销登记；构成犯罪的，依法追究刑事责任：

（一）对已被有关部门取消的资格资质变相进行认定的；

（二）违规收取费用、出具虚假证明或者报告、谋取不正当利益、扰乱市场秩序的；

（三）未经法律、行政法规授权，强制或者变相强制市场主体入会、退会的；

（四）依靠代行政府职能或者利用行政资源擅自设立收费项目、提高收费标准、强制服务并收费的；

（五）侵害市场主体合法权益的其他行为。法律另有规定的，从其规定。

第六十四条 【中介服务机构责任】中介服务机构违反本条例规定，违规收取费用、出具虚假证明或者报告、谋取不正当利益、扰乱市场秩序的，由有关部门予以警告并责令限期改正；拒不改正或者情节严重的，对其违法行为予以通报，并限期禁止在相关行政区域内执业；情节特别严重的，依法吊销营业执照并承担相应民事责任；涉嫌违法犯罪的，依法移送司法机关处理。

第六十五条 【公用事业企业责任】公用事业企业违反本条例规定、损害营商环境的，由有关部门依照有关法律、法规给予以行政处罚，记入信用记录，并依法予以公示。情节严重的，对企业负责人、直接责任人依法给予处分。

第六十六条 【市场主体强制退出制度】对于提交虚假材料骗取登记、冒用他人身份证虚假注册、无法通过登记的住所取得联系、长期吊销未注销、被列入严重违法失信企业名单且违法行为情节比较严重、利用简易注销程序逃废债务等违法失信市场主体，不能持续满足生产许可、安全生产条件或者不具备生产许可、安全生产能力的市场主体，以及发生严重质量安全事故的市场主体，依照法定程序实施强制退出，三年内不得再进入相关市场，其法定代表人、负责人三年内不得担任其他企业的法定代表人、负责人。

第七章　附　则

第六十七条　【特殊适用情形】法律、法规授权的具有管理公共事务职能的组织，适用本条例关于行政机关的规定。

……

附录二：国家税务总局《优化税收营商环境行动方案（2018 年—2022 年）》（税总发〔2018〕145 号）

国家税务总局各省、自治区、直辖市和计划单列市税务局，国家税务总局驻各地特派员办事处，局内各单位：

为深入贯彻落实党中央、国务院优化营商环境决策部署，加快税收便利化改革成果转化，进一步推进税收营商环境的优化，切实提高税收服务经济高质量发展水平，现将税务总局制定的《全国税务系统进一步优化税收营商环境行动方案（2018 年—2022 年）》印发给你们，请认真组织实施。

国家税务总局
2018 年 9 月 7 日

全国税务系统进一步优化税收营商环境行动方案（2018 年—2022 年）

为深入贯彻党中央、国务院关于进一步构建稳定、公平、透明、可预期营商环境和持续深化“简政放权、放管结合、优化服务”改革的决策部署，释放国税地税征管体制改革红利，聚焦重点难点问题，持续推进办税（缴费）便利化改革，促进税收营商环境持续优化，制定本行动方案。

一、总体要求

（一）指导思想

全面贯彻党的十九大和十九届二中、三中全会精神，以习近平新时代中国特色社会主义思想为指导，坚持以纳税人和缴费人为中心的服务理念，吸纳国际先进经验，对标国际先进水平，结合国内营商环境评价要求，以推进国税地税征管体制改革为契机，不断深化办税（缴费）便利化改革，引导和促进纳税人、缴费人自愿遵从，充分发挥税收职能作用，全面提升税收治理能力，努力打造国际一流的税收营商环境。

（二）基本原则

坚持问题导向。针对纳税人、缴费人办税（缴费）痛点堵点，综合施策、标本兼治、注重体验，努力创造流程更优、效率更高、服务更好的税收营商环境。

坚持对标先进。借鉴国际先进经验和前沿实践，精准对标、深挖潜力、大胆创新，打造国际一流的税费管理和服务体系，助力经济高质量发展，持续提升国际竞争力。

坚持试点先行。扩大优化税收营商环境试点，以试点示范破解难题、总结做法，分步推进、逐步完善，形成一批可复制、可推广的先进典型和创新经验，为加快全国优化税收营商环境建设积累经验。

坚持共治格局。坚持开放共治的税费治理方式，融入国家治理体系，主动作为，内外联动，推动税务部门与其他部门信息共享、管理共促、服务共融，实现税收共治。

（三）行动目标

深化税务系统“放管服”改革，加大税制改革力度，持续推进办税（缴费）便利化改革，到 2022 年，我国营商环境纳税时间指标国际排名达到上游水平，形成充满活力、富有效率、体验更好、更加开放的法治化、便利化、国际化的税收营商环境。

二、行动任务

（一）强化顶层设计，减少纳税次数，打造集约化营商环境

1. 实行主税附加税同步征缴。2019 年 6 月底前，纳税人申报增值税、消费税，附征的城市维护建设税、教育费附加、地方教育附加自动计算申报，纳税人一次性完成主税附加税申报缴纳。

（二）实施精准服务，压缩纳税时间，打造便捷化营商环境

2. 简并资源税征期，将资源税按 1 日、3 日、5 日、10 日、15 日或 1 个月申报，调整为按月或按季申报。

3. 简化代扣代缴申报。将《代扣代缴、代收代缴税款报告表》《中华人民共和国扣缴企业所得税报告表》等由发生时按次申报改为按月汇总申报。

4. 取消部分行政审批事项。推动取消非居民企业汇总缴纳企业所得税机构场所的行政审批，将增值税专用发票最高开票限额审批调整为其他权力事项。

5. 优化汇总纳税企业企业所得税管理。完善汇总纳税企业企业所得税征管流程，推动汇总纳税企业企业所得税涉税信息跨省共享。

6. 取消纸质《车辆购置税完税证明》。实现车辆购置税完税信息与公安系统电子化交互，简化车购税档案资料，实现无纸化管理。

7. 扩大税（费）优惠备查范围。现有各税种的备案类优惠事项、非税收入优惠事项以及非居民纳税人享受税收协定待遇的备案事项，应以方便纳税人、缴费人同时兼顾防范税（费）风

险为原则，逐步扩大备案改为附报资料备查、以申报代替备案的范围。

8. 简化出口企业退（免）税备案信息采集，2019 年 12 月底前，不再向纳税人采集《出口退（免）税备案表》中与工商登记重复的项目。

9. 清理涉税（费）证明。按照国务院相关要求，对税务证明事项进行全面清理，切实做到没有法律法规规定的证明事项一律取消。

10. 取消资源税管理证明。

11. 推行纳税记录网上查询和打印。完善电子税务局功能，2019 年 6 月底前，实现纳税人自主查询和打印纳税记录。

12. 精简涉税资料报送。清理纳税人向税务机关报送的资料，2019 年底前精简 25% 以上。实行涉税资料清单管理，清单之外原则上不得要求纳税人报送。

13. 便捷发票使用。继续扩大小规模纳税人自行开具增值税专用发票试点范围。将取消增值税发票认证范围扩大到所有纳税人。

14. 优化增值税代开发票管理。2019 年 12 月底前，实现税务机关网上代开增值税电子普通发票。

15. 取消增值税发票验旧。2019 年 12 月底前，除了特定纳税人及特殊情形外，取消增值税发票抄报税。

16. 推进“一网”办税。大力推进电子税务局建设，2020 年 12 月底前主要涉税服务事项 90% 实现网上办理。2022 年 12 月底前涉税服务事项基本上网办理，电子税务局对接各省级政务平台。

17. 推进“一门”办税。2018 年 12 月底前，将房地产交易、车辆购置税征收等与老百姓生活密切相关的、需与同级政府其他部门联合办理的事项优先进驻政务服务中心；对于具备条件的政务服务中心，办税服务厅整体进驻，90%以上涉税事项实现可在政务服务中心办理。2019 年 12 月底前，在地方政府的支持下政务服务中心实现应进必进，进驻后的办税服务厅可办理全部涉税事项。

18. 推进“一次”办税。持续更新办税事项“最多跑一次”清单，推动实现“最多跑一次”省、市、县（区）、乡全覆盖。2018 年 12 月底前，50%以上涉税事项实现一次办结，2019 年 12 月底前 70%以上涉税事项实现一次办结。

19. 推进“一窗”办税。所有办税服务厅实现“一窗一人”办税模式，综合窗口可办理所有各类涉税事项。

20. 编写税收制度分类指引。按税种、流程、行业等多维度编写税收分类指引，方便纳税人便捷查询所需税收制度，增强政策服务精准度。

21. 编写办事指南。建立办事指南发布机制，制定规范统一的线上、线下办事指南。

22. 开展对外投资税收咨询服务。深化国别税收信息研究工作，发布主要境外投资目的国税收指南。更新发布《“走出去”税收指引》。

23. 实现智能化、一体化税法宣传。以纳税人行为轨迹分析为基础，实现纳税人个性化信息自主定制，智能精准推送，逐步形成自主定制到智能推送的个性化宣传辅导模式。

24. 加强政策宣传解读。按季度举办税收政策解读视频会。实施税收政策发布、政策解读、政策宣传三同步，在政策发布时，同步政策解读，同步政策宣传，各地根据工作实际自行制作纳税人学堂专题培训辅导课件。

25. 规范纳税（缴费）咨询。加强 12366 网上咨询与热线咨询相互融合，搭建智能咨询平台，拓展12366受理渠道。建立智能咨询库，实现24小时咨询服务。统一办税（缴费）服务厅、12366等不同渠道的咨询答复口径，实现纳税（缴费）咨询规范统一。

26. 实现耕地占用税信息共享。与自然资源部门实现批地数据共享，实现耕地占用税网上缴税。耕地占用税网上缴税数据反馈至自然资源部门，作为纳税人在自然资源部门办理相关手续的电子凭证。

27. 选取信息共享基础较好的北京、上海市开展房地产交易税收网上预审，减少窗口办税时间。

（三）加快税制改革，减轻税费负担，打造低成本的营商环境

28. 实施个人所得税改革。从提高基本减除费用标准，实施专项附加扣除政策，实行综合与分类相结合的个人所得税制等方面推进个人所得税改革。

29. 放宽个人免税权限制。其他个人代开增值税发票时，放弃免税权不受“36个月不得享受减免税优惠限制”，仅对当次代开发票有效，不影响以后申请免税代开。

30. 公布相关系统接口规范。公布基于互联网税务端涉企系统接口规范，供纳税人自行开发使用，在符合安全要求的情况下，支持纳税人通过接口提交申报数据、申报表单和获取相关反馈信息。

31. 推动人民银行制发第三方缴税业务规范，明确业务流程。

32. 加强涉税专业服务监管。推进涉税专业服务实名信息采集和信用管理，完善涉税专业服务监管制度，规范涉税专业服务行为。

(四) 创新管理手段，优化税后流程，打造高效能的营商环境

33. 优化多缴退税办理流程。推进多缴退税电子化，实现退税申请、退税审核、退库办理业务网上办理。

34. 拓展纳税信用查询渠道。提供公开便捷的纳税信用自助查询渠道，纳税人可实时查询自身纳税信用评价级别及纳税信用扣分明细。

(五) 加强事后监管，规范税收执法，打造公平化的营商环境

35. 优化重大涉税事项辅导。针对涉及多地区或多税种的大企业重组涉税事项，推行大企业重组涉税事项纳税服务工作机制，依申请为大企业协调重组中的疑难事项；针对大企业重大交易事项，提供专业辅导，提出税收风险建议，降低大企业重大事项涉税风险成本。

36. 全面推行“三项制度”。制定《税务系统全面推行行政执法公示制度执法全过程记录制度重大执法决定法制审核制度的实施方案》。2019 年 12 月底前完成“三项制度”信息系统开发工作。

37. 推行税收权力和责任清单。2019 年 10 月底前税务总局制定税务系统权力和责任清单范本。各省税务机关参照制定本级权力和责任清单。

38. 联合实施失信惩戒。进一步推动纳税信用体系融入社会信用体系，应用“互联网 + 监管”方式，推送纳税信用信息和税收违法“黑名单”至相关部门，强化联合惩戒。

三、行动保障

(一) 解放思想，突出改革创新。各级税务机关要转变传统征管思维，以纳税人、缴费人的合理需求倒逼改革创新，从根本

上破除制约税费征管服务效率提升的壁垒，从制度、方式、渠道、科技等多方面突破创新，为纳税人、缴费人打造低成本、更便捷、更集约、可信赖的税收营商环境。

（二）统筹推进，抓好任务落实。税务总局成立优化营商环境领导小组，统筹税务系统优化营商环境工作。各省税务机关应参照税务总局成立本单位优化营商环境领导小组。要结合实际制定本单位实施方案，明确时间表和路线图，认真落实税务系统优化税收营商环境改革各项措施。

（三）加强沟通，做好改革宣传。各地税务机关要主动向地方党委、政府报告优化税收营商环境工作，要加强部门合作，争取地方党委、政府的支持。要积极应用新媒体、移动终端等渠道，从纳税人、缴费人视角开展宣传，提升改革获得感。国家税务总局北京、上海市税务局要积极反映和展现我国税费便利化改革成效。

（四）跟踪问效，推进示范带动。税务总局将结合国内营商环境评价指标体系，通过综合运用第三方评价等方式，对各地税务机关优化税收营商环境情况开展考评，推动全国税务系统同发力共提升。各地税务机关要及时总结创新经验及存在问题，并及时上报税务总局。

附录三：财政部 国家税务总局《关于全面推开营业税改征增值税试点的通知》财税〔2016〕36号（附件1）

附件1　营业税改征增值税试点实施办法

第一章　纳税人和扣缴义务人

第一条　在中华人民共和国境内（以下称境内）销售服务、无形资产或者不动产（以下称应税行为）的单位和个人，为增值税纳税人，应当按照本办法缴纳增值税，不缴纳营业税。

单位，是指企业、行政单位、事业单位、军事单位、社会团体及其他单位。

个人，是指个体工商户和其他个人。

第二条　单位以承包、承租、挂靠方式经营的，承包人、承租人、挂靠人（以下统称承包人）以发包人、出租人、被挂靠人（以下统称发包人）名义对外经营并由发包人承担相关法律责任的，以该发包人为纳税人。否则，以承包人为纳税人。

第三条　纳税人分为一般纳税人和小规模纳税人。

应税行为的年应征增值税销售额（以下称应税销售额）超过财政部和国家税务总局规定标准的纳税人为一般纳税人，未超过规定标准的纳税人为小规模纳税人。

年应税销售额超过规定标准的其他个人不属于一般纳税人。

年应税销售额超过规定标准但不经常发生应税行为的单位和个体工商户可选择按照小规模纳税人纳税。

第四条 年应税销售额未超过规定标准的纳税人，会计核算健全，能够提供准确税务资料的，可以向主管税务机关办理一般纳税人资格登记，成为一般纳税人。

会计核算健全，是指能够按照国家统一的会计制度规定设置账簿，根据合法、有效凭证核算。

第五条 符合一般纳税人条件的纳税人应当向主管税务机关办理一般纳税人资格登记。具体登记办法由国家税务总局制定。

除国家税务总局另有规定外，一经登记为一般纳税人后，不得转为小规模纳税人。

第六条 中华人民共和国境外（以下称境外）单位或者个人在境内发生应税行为，在境内未设有经营机构的，以购买方为增值税扣缴义务人。财政部和国家税务总局另有规定的除外。

第七条 两个或者两个以上的纳税人，经财政部和国家税务总局批准可以视为一个纳税人合并纳税。具体办法由财政部和国家税务总局另行制定。

第八条 纳税人应当按照国家统一的会计制度进行增值税会计核算。

第二章 征税范围

第九条 应税行为的具体范围，按照本办法所附的《销售服务、无形资产、不动产注释》执行。

第十条 销售服务、无形资产或者不动产，是指有偿提供服务、有偿转让无形资产或者不动产，但属于下列非经营活动的情形除外：

（一）行政单位收取的同时满足以下条件的政府性基金或者行政事业性收费。

1. 由国务院或者财政部批准设立的政府性基金，由国务院或者省级人民政府及其财政、价格主管部门批准设立的行政事业性收费；

2. 收取时开具省级以上（含省级）财政部门监（印）制的财政票据；

3. 所收款项全额上缴财政。

（二）单位或者个体工商户聘用的员工为本单位或者雇主提供取得工资的服务。

（三）单位或者个体工商户为聘用的员工提供服务。

（四）财政部和国家税务总局规定的其他情形。

第十一条 有偿，是指取得货币、货物或者其他经济利益。

第十二条 在境内销售服务、无形资产或者不动产，是指：

（一）服务（租赁不动产除外）或者无形资产（自然资源使用权除外）的销售方或者购买方在境内；

（二）所销售或者租赁的不动产在境内；

（三）所销售自然资源使用权的自然资源在境内；

（四）财政部和国家税务总局规定的其他情形。

第十三条 下列情形不属于在境内销售服务或者无形资产：

（一）境外单位或者个人向境内单位或者个人销售完全在境外发生的服务。

（二）境外单位或者个人向境内单位或者个人销售完全在境外使用的无形资产。

（三）境外单位或者个人向境内单位或者个人出租完全在境外使用的有形动产。

（四）财政部和国家税务总局规定的其他情形。

第十四条 下列情形视同销售服务、无形资产或者不动产：

（一）单位或者个体工商户向其他单位或者个人无偿提供服务，但用于公益事业或者以社会公众为对象的除外。

（二）单位或者个人向其他单位或者个人无偿转让无形资产或者不动产，但用于公益事业或者以社会公众为对象的除外。

（三）财政部和国家税务总局规定的其他情形。

第三章 税率和征收率

第十五条 增值税税率：

（一）纳税人发生应税行为，除本条第（二）项、第（三）项、第（四）项规定外，税率为6%。

（二）提供交通运输、邮政、基础电信、建筑、不动产租赁服务，销售不动产，转让土地使用权，税率为11%。

（三）提供有形动产租赁服务，税率为17%。

（四）境内单位和个人发生的跨境应税行为，税率为零。具体范围由财政部和国家税务总局另行规定。

第十六条 增值税征收率为3%，财政部和国家税务总局另有规定的除外。

第四章 应纳税额的计算

第一节 一般性规定

第十七条 增值税的计税方法，包括一般计税方法和简易计税方法。

第十八条 一般纳税人发生应税行为适用一般计税方法计税。

一般纳税人发生财政部和国家税务总局规定的特定应税行

为，可以选择适用简易计税方法计税，但一经选择，36 个月内不得变更。

第十九条 小规模纳税人发生应税行为适用简易计税方法计税。

第二十条 境外单位或者个人在境内发生应税行为，在境内未设有经营机构的，扣缴义务人按照下列公式计算应扣缴税额：

应扣缴税额 = 购买方支付的价款 ÷（1 + 税率）× 税率

第二节 一般计税方法

第二十一条 一般计税方法的应纳税额，是指当期销项税额抵扣当期进项税额后的余额。应纳税额计算公式：

应纳税额 = 当期销项税额 - 当期进项税额

当期销项税额小于当期进项税额不足抵扣时，其不足部分可以结转下期继续抵扣。

第二十二条 销项税额，是指纳税人发生应税行为按照销售额和增值税税率计算并收取的增值税额。销项税额计算公式：

销项税额 = 销售额 × 税率

第二十三条 一般计税方法的销售额不包括销项税额，纳税人采用销售额和销项税额合并定价方法的，按照下列公式计算销售额：

销售额 = 含税销售额 ÷（1 + 税率）

第二十四条 进项税额，是指纳税人购进货物、加工修理修配劳务、服务、无形资产或者不动产，支付或者负担的增值税额。

第二十五条 下列进项税额准予从销项税额中抵扣：

（一）从销售方取得的增值税专用发票（含税控机动车销售统一发票，下同）上注明的增值税额。

（二）从海关取得的海关进口增值税专用缴款书上注明的增值税额。

（三）购进农产品，除取得增值税专用发票或者海关进口增值税专用缴款书外，按照农产品收购发票或者销售发票上注明的农产品买价和13%的扣除率计算的进项税额。计算公式为：

进项税额 = 买价 × 扣除率

买价，是指纳税人购进农产品在农产品收购发票或者销售发票上注明的价款和按照规定缴纳的烟叶税。

购进农产品，按照《农产品增值税进项税额核定扣除试点实施办法》抵扣进项税额的除外。

（四）从境外单位或者个人购进服务、无形资产或者不动产，自税务机关或者扣缴义务人取得的解缴税款的完税凭证上注明的增值税额。

第二十六条 纳税人取得的增值税扣税凭证不符合法律、行政法规或者国家税务总局有关规定的，其进项税额不得从销项税额中抵扣。

增值税扣税凭证，是指增值税专用发票、海关进口增值税专用缴款书、农产品收购发票、农产品销售发票和完税凭证。

纳税人凭完税凭证抵扣进项税额的，应当具备书面合同、付款证明和境外单位的对账单或者发票。资料不全的，其进项税额不得从销项税额中抵扣。

第二十七条 下列项目的进项税额不得从销项税额中抵扣：

（一）用于简易计税方法计税项目、免征增值税项目、集体福利或者个人消费的购进货物、加工修理修配劳务、服务、无形资产和不动产。其中涉及的固定资产、无形资产、不动产，仅指专用于上述项目的固定资产、无形资产（不包括其他权益性无形资产）、不动产。

纳税人的交际应酬消费属于个人消费。

（二）非正常损失的购进货物，以及相关的加工修理修配劳务和交通运输服务。

（三）非正常损失的在产品、产成品所耗用的购进货物（不包括固定资产）、加工修理修配劳务和交通运输服务。

（四）非正常损失的不动产，以及该不动产所耗用的购进货物、设计服务和建筑服务。

（五）非正常损失的不动产在建工程所耗用的购进货物、设计服务和建筑服务。

纳税人新建、改建、扩建、修缮、装饰不动产，均属于不动产在建工程。

（六）购进的旅客运输服务、贷款服务、餐饮服务、居民日常服务和娱乐服务。

（七）财政部和国家税务总局规定的其他情形。

本条第（四）项、第（五）项所称货物，是指构成不动产实体的材料和设备，包括建筑装饰材料和给排水、采暖、卫生、通风、照明、通信、煤气、消防、中央空调、电梯、电气、智能化楼宇设备及配套设施。

第二十八条 不动产、无形资产的具体范围，按照本办法所附的《销售服务、无形资产或者不动产注释》执行。

固定资产，是指使用期限超过 12 个月的机器、机械、运输工具以及其他与生产经营有关的设备、工具、器具等有形动产。

非正常损失，是指因管理不善造成货物被盗、丢失、霉烂变质，以及因违反法律法规造成货物或者不动产被依法没收、销毁、拆除的情形。

第二十九条 适用一般计税方法的纳税人，兼营简易计税方法计税项目、免征增值税项目而无法划分不得抵扣的进项税额，按照下列公式计算不得抵扣的进项税额：

不得抵扣的进项税额 = 当期无法划分的全部进项税额 ×（当期简易计税方法计税项目销售额 + 免征增值税项目销售额）÷ 当期全部销售额

主管税务机关可以按照上述公式依据年度数据对不得抵扣的进项税额进行清算。

第三十条 已抵扣进项税额的购进货物（不含固定资产）、劳务、服务，发生本办法第二十七条规定情形（简易计税方法计税项目、免征增值税项目除外）的，应当将该进项税额从当期进项税额中扣减；无法确定该进项税额的，按照当期实际成本计算应扣减的进项税额。

第三十一条 已抵扣进项税额的固定资产、无形资产或者不动产，发生本办法第二十七条规定情形的，按照下列公式计算不得抵扣的进项税额：

不得抵扣的进项税额 = 固定资产、无形资产或者不动产净值 × 适用税率

固定资产、无形资产或者不动产净值，是指纳税人根据财务会计制度计提折旧或摊销后的余额。

第三十二条 纳税人适用一般计税方法计税的，因销售折让、中止或者退回而退还给购买方的增值税额，应当从当期的销项税额中扣减；因销售折让、中止或者退回而收回的增值税额，应当从当期的进项税额中扣减。

第三十三条 有下列情形之一者，应当按照销售额和增值税税率计算应纳税额，不得抵扣进项税额，也不得使用增值税专用发票：

（一）一般纳税人会计核算不健全，或者不能够提供准确税务资料的。

（二）应当办理一般纳税人资格登记而未办理的。

第三节　简易计税方法

第三十四条　简易计税方法的应纳税额，是指按照销售额和增值税征收率计算的增值税额，不得抵扣进项税额。应纳税额计算公式：

应纳税额 = 销售额 × 征收率

第三十五条　简易计税方法的销售额不包括其应纳税额，纳税人采用销售额和应纳税额合并定价方法的，按照下列公式计算销售额：

销售额 = 含税销售额 ÷（1 + 征收率）

第三十六条　纳税人适用简易计税方法计税的，因销售折让、中止或者退回而退还给购买方的销售额，应当从当期销售额中扣减。扣减当期销售额后仍有余额造成多缴的税款，可以从以后的应纳税额中扣减。

第四节　销售额的确定

第三十七条　销售额，是指纳税人发生应税行为取得的全部价款和价外费用，财政部和国家税务总局另有规定的除外。

价外费用，是指价外收取的各种性质的收费，但不包括以下项目：

（一）代为收取并符合本办法第十条规定的政府性基金或者行政事业性收费。

（二）以委托方名义开具发票代委托方收取的款项。

第三十八条　销售额以人民币计算。

纳税人按照人民币以外的货币结算销售额的，应当折合成人民币计算，折合率可以选择销售额发生的当天或者当月 1 日的人民币汇率中间价。纳税人应当在事先确定采用何种折合率，确定后 12 个月内不得变更。

第三十九条 纳税人兼营销售货物、劳务、服务、无形资产或者不动产，适用不同税率或者征收率的，应当分别核算适用不同税率或者征收率的销售额；未分别核算的，从高适用税率。

第四十条 一项销售行为如果既涉及服务又涉及货物，为混合销售。从事货物的生产、批发或者零售的单位和个体工商户的混合销售行为，按照销售货物缴纳增值税；其他单位和个体工商户的混合销售行为，按照销售服务缴纳增值税。

本条所称从事货物的生产、批发或者零售的单位和个体工商户，包括以从事货物的生产、批发或者零售为主，并兼营销售服务的单位和个体工商户在内。

第四十一条 纳税人兼营免税、减税项目的，应当分别核算免税、减税项目的销售额；未分别核算的，不得免税、减税。

第四十二条 纳税人发生应税行为，开具增值税专用发票后，发生开票有误或者销售折让、中止、退回等情形的，应当按照国家税务总局的规定开具红字增值税专用发票；未按照规定开具红字增值税专用发票的，不得按照本办法第三十二条和第三十六条的规定扣减销项税额或者销售额。

第四十三条 纳税人发生应税行为，将价款和折扣额在同一张发票上分别注明的，以折扣后的价款为销售额；未在同一张发票上分别注明的，以价款为销售额，不得扣减折扣额。

第四十四条 纳税人发生应税行为价格明显偏低或者偏高且不具有合理商业目的的，或者发生本办法第十四条所列行为而无销售额的，主管税务机关有权按照下列顺序确定销售额：

（一）按照纳税人最近时期销售同类服务、无形资产或者不动产的平均价格确定。

（二）按照其他纳税人最近时期销售同类服务、无形资产或者不动产的平均价格确定。

（三）按照组成计税价格确定。组成计税价格的公式为：

组成计税价格 = 成本 ×（1 + 成本利润率）

成本利润率由国家税务总局确定。

不具有合理商业目的，是指以谋取税收利益为主要目的，通过人为安排，减少、免除、推迟缴纳增值税税款，或者增加退还增值税税款。

第五章　纳税义务、扣缴义务发生时间和纳税地点

第四十五条　增值税纳税义务、扣缴义务发生时间为：

（一）纳税人发生应税行为并收讫销售款项或者取得索取销售款项凭据的当天；先开具发票的，为开具发票的当天。

收讫销售款项，是指纳税人销售服务、无形资产、不动产过程中或者完成后收到款项。

取得索取销售款项凭据的当天，是指书面合同确定的付款日期；未签订书面合同或者书面合同未确定付款日期的，为服务、无形资产转让完成的当天或者不动产权属变更的当天。

（二）纳税人提供建筑服务、租赁服务采取预收款方式的，其纳税义务发生时间为收到预收款的当天。

（三）纳税人从事金融商品转让的，为金融商品所有权转移的当天。

（四）纳税人发生本办法第十四条规定情形的，其纳税义务发生时间为服务、无形资产转让完成的当天或者不动产权属变更的当天。

（五）增值税扣缴义务发生时间为纳税人增值税纳税义务发

生的当天。

第四十六条 增值税纳税地点为:

(一)固定业户应当向其机构所在地或者居住地主管税务机关申报纳税。总机构和分支机构不在同一县(市)的,应当分别向各自所在地的主管税务机关申报纳税;经财政部和国家税务总局或者其授权的财政和税务机关批准,可以由总机构汇总向总机构所在地的主管税务机关申报纳税。

(二)非固定业户应当向应税行为发生地主管税务机关申报纳税;未申报纳税的,由其机构所在地或者居住地主管税务机关补征税款。

(三)其他个人提供建筑服务,销售或者租赁不动产,转让自然资源使用权,应向建筑服务发生地、不动产所在地、自然资源所在地主管税务机关申报纳税。

(四)扣缴义务人应当向其机构所在地或者居住地主管税务机关申报缴纳扣缴的税款。

第四十七条 增值税的纳税期限分别为1日、3日、5日、10日、15日、1个月或者1个季度。纳税人的具体纳税期限,由主管税务机关根据纳税人应纳税额的大小分别核定。以1个季度为纳税期限的规定适用于小规模纳税人、银行、财务公司、信托投资公司、信用社,以及财政部和国家税务总局规定的其他纳税人。不能按照固定期限纳税的,可以按次纳税。

纳税人以1个月或者1个季度为1个纳税期的,自期满之日起15日内申报纳税;以1日、3日、5日、10日或者15日为1个纳税期的,自期满之日起5日内预缴税款,于次月1日起15日内申报纳税并结清上月应纳税款。

扣缴义务人解缴税款的期限,按照前两款规定执行。

第六章　税收减免的处理

第四十八条　纳税人发生应税行为适用免税、减税规定的，可以放弃免税、减税，依照本办法的规定缴纳增值税。放弃免税、减税后，36个月内不得再申请免税、减税。

纳税人发生应税行为同时适用免税和零税率规定的，纳税人可以选择适用免税或者零税率。

第四十九条　个人发生应税行为的销售额未达到增值税起征点的，免征增值税；达到起征点的，全额计算缴纳增值税。

增值税起征点不适用于登记为一般纳税人的个体工商户。

第五十条　增值税起征点幅度如下：

（一）按期纳税的，为月销售额5000—20000元（含本数）。

（二）按次纳税的，为每次（日）销售额300—500元（含本数）。

起征点的调整由财政部和国家税务总局规定。省、自治区、直辖市财政厅（局）和国家税务局应当在规定的幅度内，根据实际情况确定本地区适用的起征点，并报财政部和国家税务总局备案。

对增值税小规模纳税人中月销售额未达到2万元的企业或非企业性单位，免征增值税。2017年12月31日前，对月销售额2万元（含本数）至3万元的增值税小规模纳税人，免征增值税。

第七章　征收管理

第五十一条　营业税改征的增值税，由国家税务局负责征收。纳税人销售取得的不动产和其他个人出租不动产的增值税，国家税务局暂委托地方税务局代为征收。

第五十二条　纳税人发生适用零税率的应税行为，应当按期向主管税务机关申报办理退（免）税，具体办法由财政部和国家税务总局制定。

第五十三条 纳税人发生应税行为，应当向索取增值税专用发票的购买方开具增值税专用发票，并在增值税专用发票上分别注明销售额和销项税额。

属于下列情形之一的，不得开具增值税专用发票：

（一）向消费者个人销售服务、无形资产或者不动产。

（二）适用免征增值税规定的应税行为。

第五十四条 小规模纳税人发生应税行为，购买方索取增值税专用发票的，可以向主管税务机关申请代开。

第五十五条 纳税人增值税的征收管理，按照本办法和《中华人民共和国税收征收管理法》及现行增值税征收管理有关规定执行。

附：销售服务、无形资产、不动产注释

一、销售服务

销售服务，是指提供交通运输服务、邮政服务、电信服务、建筑服务、金融服务、现代服务、生活服务。

（一）交通运输服务

交通运输服务，是指利用运输工具将货物或者旅客送达目的地，使其空间位置得到转移的业务活动。包括陆路运输服务、水路运输服务、航空运输服务和管道运输服务。

1. 陆路运输服务

陆路运输服务，是指通过陆路（地上或者地下）运送货物或者旅客的运输业务活动，包括铁路运输服务和其他陆路运输

服务。

(1) 铁路运输服务，是指通过铁路运送货物或者旅客的运输业务活动。

(2) 其他陆路运输服务，是指铁路运输以外的陆路运输业务活动。包括公路运输、缆车运输、索道运输、地铁运输、城市轻轨运输等。

出租车公司向使用本公司自有出租车的出租车司机收取的管理费用，按照陆路运输服务缴纳增值税。

2. 水路运输服务

水路运输服务，是指通过江、河、湖、川等天然、人工水道或者海洋航道运送货物或者旅客的运输业务活动。

水路运输的程租、期租业务，属于水路运输服务。

程租业务，是指运输企业为租船人完成某一特定航次的运输任务并收取租赁费的业务。

期租业务，是指运输企业将配备有操作人员的船舶承租给他人使用一定期限，承租期内听候承租方调遣，不论是否经营，均按天向承租方收取租赁费，发生的固定费用均由船东负担的业务。

3. 航空运输服务

航空运输服务，是指通过空中航线运送货物或者旅客的运输业务活动。

航空运输的湿租业务，属于航空运输服务。

湿租业务，是指航空运输企业将配备有机组人员的飞机承租给他人使用一定期限，承租期内听候承租方调遣，不论是否经营，均按一定标准向承租方收取租赁费，发生的固定费用均由承租方承担的业务。

航天运输服务，按照航空运输服务缴纳增值税。

航天运输服务，是指利用火箭等载体将卫星、空间探测器等空间飞行器发射到空间轨道的业务活动。

4. 管道运输服务

管道运输服务，是指通过管道设施输送气体、液体、固体物质的运输业务活动。

无运输工具承运业务，按照交通运输服务缴纳增值税。

无运输工具承运业务，是指经营者以承运人身份与托运人签订运输服务合同，收取运费并承担承运人责任，然后委托实际承运人完成运输服务的经营活动。

（二）邮政服务

邮政服务，是指中国邮政集团公司及其所属邮政企业提供邮件寄递、邮政汇兑和机要通信等邮政基本服务的业务活动。包括邮政普遍服务、邮政特殊服务和其他邮政服务。

1. 邮政普遍服务

邮政普遍服务，是指函件、包裹等邮件寄递，以及邮票发行、报刊发行和邮政汇兑等业务活动。

函件，是指信函、印刷品、邮资封片卡、无名址函件和邮政小包等。

包裹，是指按照封装上的名址递送给特定个人或者单位的独立封装的物品，其重量不超过五十千克，任何一边的尺寸不超过一百五十厘米，长、宽、高合计不超过三百厘米。

2. 邮政特殊服务

邮政特殊服务，是指义务兵平常信函、机要通信、盲人读物和革命烈士遗物的寄递等业务活动。

3. 其他邮政服务

其他邮政服务，是指邮册等邮品销售、邮政代理等业务活动。

（三）电信服务

电信服务，是指利用有线、无线的电磁系统或者光电系统等各种通信网络资源，提供语音通话服务，传送、发射、接收或者应用图像、短信等电子数据和信息的业务活动。包括基础电信服务和增值电信服务。

1. 基础电信服务

基础电信服务，是指利用固网、移动网、卫星、互联网，提供语音通话服务的业务活动，以及出租或者出售带宽、波长等网络元素的业务活动。

2. 增值电信服务

增值电信服务，是指利用固网、移动网、卫星、互联网、有线电视网络，提供短信和彩信服务、电子数据和信息的传输及应用服务、互联网接入服务等业务活动。

卫星电视信号落地转接服务，按照增值电信服务缴纳增值税。

（四）建筑服务

建筑服务，是指各类建筑物、构筑物及其附属设施的建造、修缮、装饰，线路、管道、设备、设施等的安装以及其他工程作业的业务活动。包括工程服务、安装服务、修缮服务、装饰服务和其他建筑服务。

1. 工程服务

工程服务，是指新建、改建各种建筑物、构筑物的工程作业，包括与建筑物相连的各种设备或者支柱、操作平台的安装或者装设工程作业，以及各种窑炉和金属结构工程作业。

2. 安装服务

安装服务，是指生产设备、动力设备、起重设备、运输设备、传动设备、医疗实验设备以及其他各种设备、设施的装配、安置工程作业，包括与被安装设备相连的工作台、梯子、栏杆的装设工程作业，以及被安装设备的绝缘、防腐、保温、油漆等工程作业。

固定电话、有线电视、宽带、水、电、燃气、暖气等经营者向用户收取的安装费、初装费、开户费、扩容费以及类似收费，按照安装服务缴纳增值税。

3. 修缮服务

修缮服务，是指对建筑物、构筑物进行修补、加固、养护、改善，使之恢复原来的使用价值或者延长其使用期限的工程作业。

4. 装饰服务

装饰服务，是指对建筑物、构筑物进行修饰装修，使之美观或者具有特定用途的工程作业。

5. 其他建筑服务

其他建筑服务，是指上列工程作业之外的各种工程作业服务，如钻井（打井）、拆除建筑物或者构筑物、平整土地、园林绿化、疏浚（不包括航道疏浚）、建筑物平移、搭脚手架、爆破、矿山穿孔、表面附着物（包括岩层、土层、沙层等）剥离和清理等工程作业。

（五）金融服务

金融服务，是指经营金融保险的业务活动。包括贷款服务、直接收费金融服务、保险服务和金融商品转让。

1. 贷款服务

贷款，是指将资金贷与他人使用而取得利息收入的业务活动。

各种占用、拆借资金取得的收入，包括金融商品持有期间（含到期）利息（保本收益、报酬、资金占用费、补偿金等）收入、信用卡透支利息收入、买入返售金融商品利息收入、融资融券收取的利息收入，以及融资性售后回租、押汇、罚息、票据贴现、转贷等业务取得的利息及利息性质的收入，按照贷款服务缴纳增值税。

融资性售后回租，是指承租方以融资为目的，将资产出售给从事融资性售后回租业务的企业后，从事融资性售后回租业务的企业将该资产出租给承租方的业务活动。

以货币资金投资收取的固定利润或者保底利润，按照贷款服务缴纳增值税。

2. 直接收费金融服务

直接收费金融服务，是指为货币资金融通及其他金融业务提供相关服务并且收取费用的业务活动。包括提供货币兑换、账户管理、电子银行、信用卡、信用证、财务担保、资产管理、信托管理、基金管理、金融交易场所（平台）管理、资金结算、资金清算、金融支付等服务。

3. 保险服务

保险服务，是指投保人根据合同约定，向保险人支付保险费，保险人对于合同约定的可能发生的事故因其发生所造成的财产损失承担赔偿保险金责任，或者当被保险人死亡、伤残、疾病或者达到合同约定的年龄、期限等条件时承担给付保险金责任的商业保险行为。包括人身保险服务和财产保险服务。

人身保险服务，是指以人的寿命和身体为保险标的的保险业务活动。

财产保险服务，是指以财产及其有关利益为保险标的的保险业务活动。

4. 金融商品转让

金融商品转让，是指转让外汇、有价证券、非货物期货和其他金融商品所有权的业务活动。

其他金融商品转让包括基金、信托、理财产品等各类资产管理产品和各种金融衍生品的转让。

（六）现代服务

现代服务，是指围绕制造业、文化产业、现代物流产业等提供技术性、知识性服务的业务活动。包括研发和技术服务、信息技术服务、文化创意服务、物流辅助服务、租赁服务、鉴证咨询服务、广播影视服务、商务辅助服务和其他现代服务。

1. 研发和技术服务

研发和技术服务，包括研发服务、合同能源管理服务、工程勘察勘探服务、专业技术服务。

（1）研发服务，也称技术开发服务，是指就新技术、新产品、新工艺或者新材料及其系统进行研究与试验开发的业务活动。

（2）合同能源管理服务，是指节能服务公司与用能单位以契约形式约定节能目标，节能服务公司提供必要的服务，用能单位以节能效果支付节能服务公司投入及其合理报酬的业务活动。

（3）工程勘察勘探服务，是指在采矿、工程施工前后，对地形、地质构造、地下资源蕴藏情况进行实地调查的业务活动。

（4）专业技术服务，是指气象服务、地震服务、海洋服务、测绘服务、城市规划、环境与生态监测服务等专项技术服务。

2. 信息技术服务

信息技术服务，是指利用计算机、通信网络等技术对信息进行生产、收集、处理、加工、存储、运输、检索和利用，并提供信息服务的业务活动。包括软件服务、电路设计及测试服务、信息系统服务、业务流程管理服务和信息系统增值服务。

（1）软件服务，是指提供软件开发服务、软件维护服务、软件测试服务的业务活动。

（2）电路设计及测试服务，是指提供集成电路和电子电路产品设计、测试及相关技术支持服务的业务活动。

（3）信息系统服务，是指提供信息系统集成、网络管理、网站内容维护、桌面管理与维护、信息系统应用、基础信息技术管理平台整合、信息技术基础设施管理、数据中心、托管中心、信息安全服务、在线杀毒、虚拟主机等业务活动。包括网站对非自有的网络游戏提供的网络运营服务。

（4）业务流程管理服务，是指依托信息技术提供的人力资源管理、财务经济管理、审计管理、税务管理、物流信息管理、经营信息管理和呼叫中心等服务的活动。

（5）信息系统增值服务，是指利用信息系统资源为用户附加提供的信息技术服务。包括数据处理、分析和整合、数据库管理、数据备份、数据存储、容灾服务、电子商务平台等。

3. 文化创意服务

文化创意服务，包括设计服务、知识产权服务、广告服务和会议展览服务。

（1）设计服务，是指把计划、规划、设想通过文字、语言、图画、声音、视觉等形式传递出来的业务活动。包括工业设计、内部管理设计、业务运作设计、供应链设计、造型设计、服装设计、环境设计、平面设计、包装设计、动漫设计、网游设计、展示设计、网站设计、机械设计、工程设计、广告设计、创意策划、文印晒图等。

（2）知识产权服务，是指处理知识产权事务的业务活动。包括对专利、商标、著作权、软件、集成电路布图设计的登记、鉴定、评估、认证、检索服务。

（3）广告服务，是指利用图书、报纸、杂志、广播、电视、电影、幻灯、路牌、招贴、橱窗、霓虹灯、灯箱、互联网等各种形式为客户的商品、经营服务项目、文体节目或者通告、声明等委托事项进行宣传和提供相关服务的业务活动。包括广告代理和广告的发布、播映、宣传、展示等。

（4）会议展览服务，是指为商品流通、促销、展示、经贸洽谈、民间交流、企业沟通、国际往来等举办或者组织安排的各类展览和会议的业务活动。

4. 物流辅助服务

物流辅助服务，包括航空服务、港口码头服务、货运客运场站服务、打捞救助服务、装卸搬运服务、仓储服务和收派服务。

（1）航空服务，包括航空地面服务和通用航空服务。航空地面服务，是指航空公司、飞机场、民航管理局、航站等向在境内航行或者在境内机场停留的境内外飞机或者其他飞行器提供的导航等劳务性地面服务的业务活动。包括旅客安全检查服务、停机坪管理服务、机场候机厅管理服务、飞机清洗消毒服务、空中飞行管理服务、飞机起降服务、飞行通讯服务、地面信号服务、飞机安全服务、飞机跑道管理服务、空中交通管理服务等。

通用航空服务，是指为专业工作提供飞行服务的业务活动，包括航空摄影、航空培训、航空测量、航空勘探、航空护林、航空吊挂播洒、航空降雨、航空气象探测、航空海洋监测、航空科学实验等。

（2）港口码头服务，是指港务船舶调度服务、船舶通信服务、航道管理服务、航道疏浚服务、灯塔管理服务、航标管理服务、船舶引航服务、理货服务、系解缆服务、停泊和移泊服务、海上船舶溢油清除服务、水上交通管理服务、船只专业清洗消毒检测服务和防止船只漏油服务等为船只提供服务的业务活动。

港口设施经营人收取的港口设施保安费按照港口码头服务缴

纳增值税。

(3) 货运客运场站服务，是指货运客运场站提供货物配载服务、运输组织服务、中转换乘服务、车辆调度服务、票务服务、货物打包整理、铁路线路使用服务、加挂铁路客车服务、铁路行包专列发送服务、铁路到达和中转服务、铁路车辆编解服务、车辆挂运服务、铁路接触网服务、铁路机车牵引服务等业务活动。

(4) 打捞救助服务，是指提供船舶人员救助、船舶财产救助、水上救助和沉船沉物打捞服务的业务活动。

(5) 装卸搬运服务，是指使用装卸搬运工具或者人力、畜力将货物在运输工具之间、装卸现场之间或者运输工具与装卸现场之间进行装卸和搬运的业务活动。

(6) 仓储服务，是指利用仓库、货场或者其他场所代客贮放、保管货物的业务活动。

(7) 收派服务，是指接受寄件人委托，在承诺的时限内完成函件和包裹的收件、分拣、派送服务的业务活动。

收件服务，是指从寄件人收取函件和包裹，并运送到服务提供方同城的集散中心的业务活动。

分拣服务，是指服务提供方在其集散中心对函件和包裹进行归类、分发的业务活动。

派送服务，是指服务提供方从其集散中心将函件和包裹送达同城的收件人的业务活动。

5. 租赁服务

租赁服务，包括融资租赁服务和经营租赁服务。

(1) 融资租赁服务，是指具有融资性质和所有权转移特点的租赁活动。即出租人根据承租人所要求的规格、型号、性能等条件购入有形动产或者不动产租赁给承租人，合同期内租赁物所有权属于出租人，承租人只拥有使用权，合同期满付清租金后，承租人有权按照残值购入租赁物，以拥有其所有权。不论出租人是否将租赁物销售给承租人，均属于融资租赁。

按照标的物的不同，融资租赁服务可分为有形动产融资租赁服务和不动产融资租赁服务。

融资性售后回租不按照本税目缴纳增值税。

(2) 经营租赁服务，是指在约定时间内将有形动产或者不动产转让他人使用且租赁物所有权不变更的业务活动。

按照标的物的不同，经营租赁服务可分为有形动产经营租赁服务和不动产经营租赁服务。

将建筑物、构筑物等不动产或者飞机、车辆等有形动产的广告位出租给其他单位或者个人用于发布广告，按照经营租赁服务缴纳增值税。

车辆停放服务、道路通行服务（包括过路费、过桥费、过闸费等）等按照不动产经营租赁服务缴纳增值税。

水路运输的光租业务、航空运输的干租业务，属于经营租赁。

光租业务，是指运输企业将船舶在约定的时间内出租给他人使用，不配备操作人员，不承担运输过程中发生的各项费用，只收取固定租赁费的业务活动。

干租业务，是指航空运输企业将飞机在约定的时间内出租给他人使用，不配备机组人员，不承担运输过程中发生的各项费用，只收取固定租赁费的业务活动。

6. 鉴证咨询服务

鉴证咨询服务，包括认证服务、鉴证服务和咨询服务。

(1) 认证服务，是指具有专业资质的单位利用检测、检验、计量等技术，证明产品、服务、管理体系符合相关技术规范、相关技术规范的强制性要求或者标准的业务活动。

(2) 鉴证服务，是指具有专业资质的单位受托对相关事项进行鉴证，发表具有证明力的意见的业务活动。包括会计鉴证、税务鉴证、法律鉴证、职业技能鉴定、工程造价鉴证、工程监理、资产评估、环境评估、房地产土地评估、建筑图纸审核、医疗事故鉴定等。

(3) 咨询服务，是指提供信息、建议、策划、顾问等服务的活动。包括金融、软件、技术、财务、税收、法律、内部管理、业务运作、流程管理、健康等方面的咨询。

翻译服务和市场调查服务按照咨询服务缴纳增值税。

7. 广播影视服务

广播影视服务，包括广播影视节目（作品）的制作服务、发行服务和播映（含放映，下同）服务。

(1) 广播影视节目（作品）制作服务，是指进行专题（特别节目)、专栏、综艺、体育、动画片、广播剧、电视剧、电影等广播影视节目和作品制作的服务。具体包括与广播影视节目和作品相关的策划、采编、拍摄、录音、音视频文字图片素材制作、场景布置、后期的剪辑、翻译（编译)、字幕制作、片头、片尾、片花制作、特效制作、影片修复、编目和确权等业务活动。

(2) 广播影视节目（作品）发行服务，是指以分账、买断、委托等方式，向影院、电台、电视台、网站等单位和个人发行广播影视节目（作品）以及转让体育赛事等活动的报道及播映权的业务活动。

(3) 广播影视节目（作品）播映服务，是指在影院、剧院、录像厅及其他场所播映广播影视节目（作品)，以及通过电台、电视台、卫星通信、互联网、有线电视等无线或者有线装置播映广播影视节目（作品）的业务活动。

8. 商务辅助服务

商务辅助服务，包括企业管理服务、经纪代理服务、人力资源服务、安全保护服务。

（1）企业管理服务，是指提供总部管理、投资与资产管理、市场管理、物业管理、日常综合管理等服务的业务活动。

（2）经纪代理服务，是指各类经纪、中介、代理服务。包括金融代理、知识产权代理、货物运输代理、代理报关、法律代理、房地产中介、职业中介、婚姻中介、代理记账、拍卖等。

货物运输代理服务，是指接受货物收货人、发货人、船舶所有人、船舶承租人或者船舶经营人的委托，以委托人的名义，为委托人办理货物运输、装卸、仓储和船舶进出港口、引航、靠泊等相关手续的业务活动。

代理报关服务，是指接受进出口货物的收、发货人委托，代为办理报关手续的业务活动。

（3）人力资源服务，是指提供公共就业、劳务派遣、人才委托招聘、劳动力外包等服务的业务活动。

（4）安全保护服务，是指提供保护人身安全和财产安全，维护社会治安等的业务活动。包括场所住宅保安、特种保安、安全系统监控以及其他安保服务。

9. 其他现代服务

其他现代服务，是指除研发和技术服务、信息技术服务、文化创意服务、物流辅助服务、租赁服务、鉴证咨询服务、广播影视服务和商务辅助服务以外的现代服务。

（七）生活服务

生活服务，是指为满足城乡居民日常生活需求提供的各类服务活动。包括文化体育服务、教育医疗服务、旅游娱乐服务、餐饮住宿服务、居民日常服务和其他生活服务。

1. 文化体育服务

文化体育服务，包括文化服务和体育服务。

（1）文化服务，是指为满足社会公众文化生活需求提供的各种服务。包括：文艺创作、文艺表演、文化比赛，图书馆的图书和资料借阅，档案馆的档案管理，文物及非物质遗产保护，组织举办宗教活动、科技活动、文化活动，提供游览场所。

（2）体育服务，是指组织举办体育比赛、体育表演、体育活动，以及提供体育训练、体育指导、体育管理的业务活动。

2. 教育医疗服务

教育医疗服务，包括教育服务和医疗服务。

（1）教育服务，是指提供学历教育服务、非学历教育服务、教育辅助服务的业务活动。

学历教育服务，是指根据教育行政管理部门确定或者认可的招生和教学计划组织教学，并颁发相应学历证书的业务活动。包括初等教育、初级中等教育、高级中等教育、高等教育等。

非学历教育服务，包括学前教育、各类培训、演讲、讲座、报告会等。

教育辅助服务，包括教育测评、考试、招生等服务。

（2）医疗服务，是指提供医学检查、诊断、治疗、康复、预防、保健、接生、计划生育、防疫服务等方面的服务，以及与这些服务有关的提供药品、医用材料器具、救护车、病房住宿和伙食的业务。

3. 旅游娱乐服务

旅游娱乐服务，包括旅游服务和娱乐服务。

（1）旅游服务，是指根据旅游者的要求，组织安排交通、游览、住宿、餐饮、购物、文娱、商务等服务的业务活动。

（2）娱乐服务，是指为娱乐活动同时提供场所和服务的业务。

具体包括：歌厅、舞厅、夜总会、酒吧、台球、高尔夫球、保龄球、游艺（包括射击、狩猎、跑马、游戏机、蹦极、卡丁车、热气球、动力伞、射箭、飞镖）。

4. 餐饮住宿服务

餐饮住宿服务，包括餐饮服务和住宿服务。

（1）餐饮服务，是指通过同时提供饮食和饮食场所的方式为消费者提供饮食消费服务的业务活动。

（2）住宿服务，是指提供住宿场所及配套服务等的活动。包括宾馆、旅馆、旅社、度假村和其他经营性住宿场所提供的住宿服务。

5. 居民日常服务

居民日常服务，是指主要为满足居民个人及其家庭日常生活需求提供的服务，包括市容市政管理、家政、婚庆、养老、殡葬、照料和护理、救助救济、美容美发、按摩、桑拿、氧吧、足疗、沐浴、洗染、摄影扩印等服务。

6. 其他生活服务

其他生活服务，是指除文化体育服务、教育医疗服务、旅游娱乐服务、餐饮住宿服务和居民日常服务之外的生活服务。

二、销售无形资产

销售无形资产，是指转让无形资产所有权或者使用权的业务活动。无形资产，是指不具实物形态，但能带来经济利益的资产，包括技术、商标、著作权、商誉、自然资源使用权和其他权益性无形资产。

技术，包括专利技术和非专利技术。

自然资源使用权，包括土地使用权、海域使用权、探矿权、采矿权、取水权和其他自然资源使用权。

其他权益性无形资产，包括基础设施资产经营权、公共事业特许权、配额、经营权（包括特许经营权、连锁经营权、其他经营权）、经销权、分销权、代理权、会员权、席位权、网络游戏虚拟道具、域名、名称权、肖像权、冠名权、转会费等。

三、销售不动产

销售不动产，是指转让不动产所有权的业务活动。不动产，是指不能移动或者移动后会引起性质、形状改变的财产，包括建筑物、构筑物等。

建筑物，包括住宅、商业营业用房、办公楼等可供居住、工作或者进行其他活动的建造物。

构筑物，包括道路、桥梁、隧道、水坝等建造物。

转让建筑物有限产权或者永久使用权的，转让在建的建筑物或者构筑物所有权的，以及在转让建筑物或者构筑物时一并转让其所占土地的使用权的，按照销售不动产缴纳增值税。

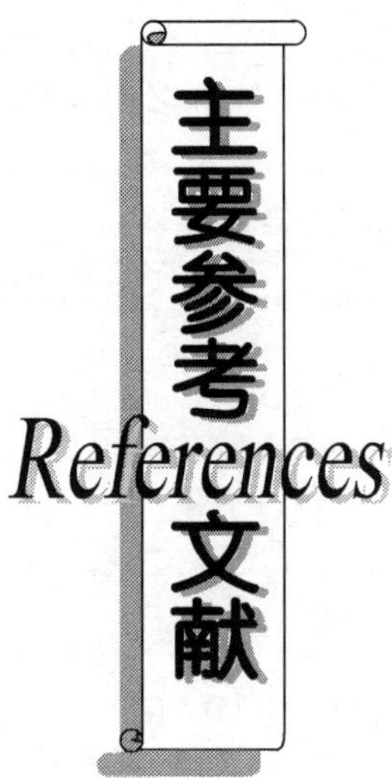

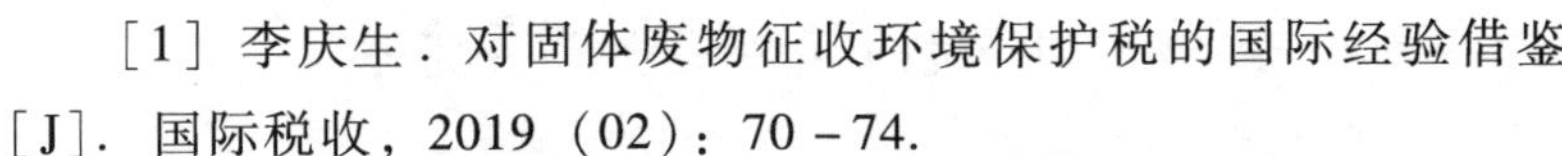

[1] 李庆生. 对固体废物征收环境保护税的国际经验借鉴[J]. 国际税收, 2019 (02): 70-74.

[2] 庞凤喜, 牛力. 论新一轮减税降费的直接目标及实现路径 [J]. 税务研究, 2019 (02): 5-11.

[3] 何代欣. 实施更大规模减税降费面临的挑战及对策[J]. 税务研究, 2019 (02): 18-20.

[4] 彭妙薇, 陈志刚. 税收职能再思考: 基于国家治理的视角 [J]. 税务研究, 2019 (02): 53-57.

[5] 韩霖, 叶琼微. 汇聚改革洪流 助推经济发展——亚洲税收管理与研究组织第 48 届年会“各成员税改”议题综述[J]. 国际税收, 2019 (01): 5-8.

[6] 于春敏. “互联网+税务”模式下纳税人涉税信息保

护问题初探［J］. 税务研究，2018（11）：105－109.

［7］张景华，刘畅．税务营商环境评价体系的构建路径［J］. 税务研究，2018（10）：119－123.

［8］王志荣．新公共管理视角下的税务营商环境优化——从世界银行评价指标体系谈起［J］. 税务研究，2018（09）：124－128.

［9］郭顺民，齐振．“互联网＋税务”推动税收治理现代化的路径选择［J］. 税务研究，2016（12）：111－114.

［10］龚辉文．支持科技创新的税收政策研究［J］. 税务研究，2018（09）：5－10.

［11］杨灿明，孙群力，詹新宇．新时代背景下中国居民收入与财富分配问题探究——中国居民收入与财富分配学术研讨会（2017）综述［J］. 经济研究，2018，53（04）：199－203.

［12］马万里，李雪，吕敏．“营改增”后部分行业税负不减反增的原因分析［J］. 公共财政研究，2018（01）：84－96.

［13］吴西峰．中国税收治理指导思想论要［J］. 税务研究，2018（02）：97－101.

［14］张凯，林小玲，傅卓荣．增值税减免、企业税负与创新投入——基于2013—2015年调查数据的分析［J］. 商业研究，2017（11）：33－39.

［15］陈真玲，王文举．环境税制下政府与污染企业演化博弈分析［J］. 管理评论，2017，29（05）：226－236.

［16］李波，苗丹．我国社会保险费征管机构选择——基于省级参保率和征缴率数据［J］. 税务研究，2017（12）：20－25.

［17］郭月梅，欧阳洁．地方政府财政透明、预算软约束与非税收入增长［J］. 财政研究，2017（07）：73－88.

［18］李颖．促进就业创业的税收激励机制研究［J］. 税务

研究，2017（10）：19－23.

［19］庞凤喜，刘畅．关于企业微观税负的衡量问题探讨［J］．税务研究，2017（06）：15－19.

［20］黄鑫．虚开增值税专用发票的风险应对［J］．税务研究，2016（09）：108－110.

［21］郭秀菊．降低税收成本，提升税收效率［J］．财经界（学术版），2015（20）：343－344.

［22］程朝阳，于凌云．企业的社会保险缴费率是否过高：文献回顾与反思［J］．社会保障研究，2017（03）：103－112.

［23］张秀莲，唐磊．从纳税遵从度视角看增值税制完善［J］．税务研究，2015（06）：76－79.

［24］臧耀民．以征管现代化为引擎推进税收现代化［J］．税务研究，2014（08）：52－55.

［25］宁琦，励贺林．苹果公司避税案例研究和中国应对BEPS的紧迫性分析及策略建议［J］．中国注册会计师，2014（02）：107－113.

［26］陈晓光．增值税有效税率差异与效率损失——兼议对“营改增”的启示［J］．中国社会科学，2013（08）：67－84＋205－206.

［27］李建人．“营改增”的进行时与未来时［J］．财经问题研究，2013（05）：78－84.

［28］孙刚，朱凯，陶李．产权性质、税收成本与上市公司股利政策［J］．财经研究，2012，38（04）：134－144.

［29］汤贡亮，刘爽．税收基本法研究回顾与展望［J］．税务研究，2008（01）：49－53.

［30］霍军．收入分配差别与税收分配调节［J］．税务研究，2002（06）：51－55.

[31] 艾洪德，蔡志刚．个人信用制度：借鉴与完善 [J]．金融研究，2001 (03)：106－115.

[32] 刘晨阳，田华．避税港型离岸金融中心对我国跨境资本流动的影响及监管建议 [J]．财政研究，2011 (09)：38－41.

[33] 张维迎，栗树和．地区间竞争与中国国有企业的民营化 [J]．经济研究，1998 (12)：13－22.

[34] 金融改革发展建言录——两会经济金融界部分代表委员谈金融 [J]．中国金融，2019 (06)：31－52.